吕思勉手稿珍本叢刊

中國古代史札録

38

吕思勉 著

地理二
水利
交通一

第三十八册目録

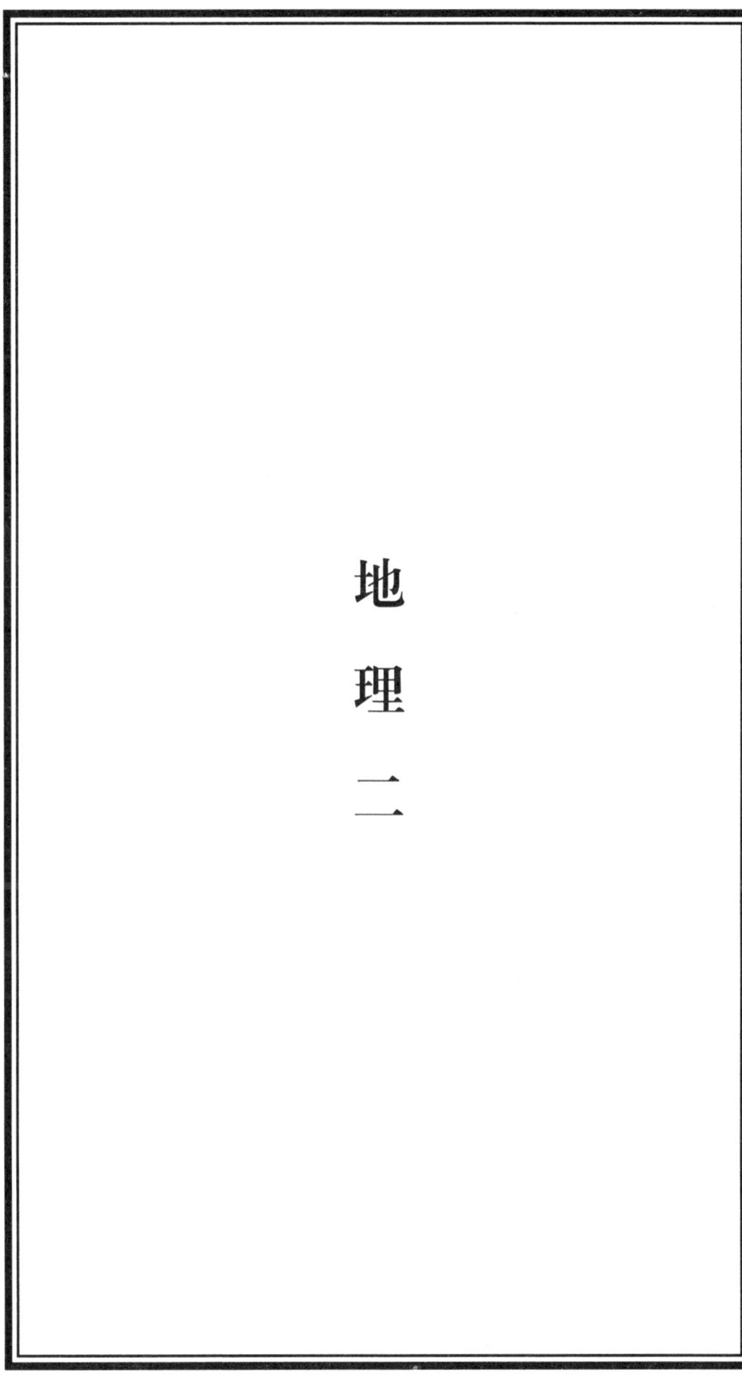

地理二

于闐 新疆和闐縣

大夏 阿富汗國Afghanistan北部及俄國布哈尔州Buchara

身毒 一名天竺即印度India

玉門 甘肅敦煌縣西

陽關 甘肅敦煌縣西南

葱嶺 新疆蒲犂縣西南

鄯善 一名樓蘭新疆婼羌縣東北哈密縣西南

莎車 新疆莎車縣

安息 伊蘭Iran北部八州伊拉克Iraq東境俄國裏海州西南

車師前庭 新疆吐魯番縣西南

地名	今地
疏勒	新疆疏勒英吉沙二縣
焉耆	新疆焉耆縣西北大小珠勒都斯河之間
危須	新疆焉耆縣
尉黎	新疆庫尔勒縣東
酒泉	甘肅酒泉縣
武威	甘肅武威縣
令居	甘肅永登縣西北
張掖	甘肅張掖縣
敦煌	甘肅敦煌縣
郁成城	俄國霍罕州 Ferghana 奧虛 Asch

地名	今地
輪臺	新疆輪台縣東
貳師城	俄國霍罕州瑪尔噶朗城 Margelan
龜兹	新疆沙雅縣東渭干河東
白龍堆	新疆鄯善縣東南
伊循城	新疆婼羌縣東北雅尔當東南
赤谷城	俄國賽米尔金司克州 Semiretchensk 烏柯尔根 Ukurgen 境
德若	莎車西
和櫝城	伊拉克美索波大米亞州 Mesopotamia 泰息芬城 Ctesiphon
木鹿城	俄國裏海州 Transcaspische Prov 謀夫城 Merv
條支國	俄國陶槊州 Taurien 及克利米半島 Krim

阿蠻	土耳其Turkey阿尔曼尼亞州Armenien
斯賓國	土耳其別舍尼亞州Bithynien東境
于羅國	希臘Greece伊安寧州Joannina境
大秦	即羅馬帝國東至土耳其國東境西極歐洲
車師後庭	新疆孚遠縣南
烏郎城	疏勒西南
金蒲城	即車師後庭
單桓國	新疆迪化縣
懸度山	印度克什米尔州柯格拉Kotgala東北達耳迪司丹Dardistan一帶
東離國	印度孟加拉州Bengal加尔各塔城Calcutta

地名	今地
沙奇城	印度聯合州 United province 沙耶亨晉尔 Shaha-jahanpur
粟弋國	俄國撒馬尔干州 Samarkand 南境布哈尔州西境
槃橐城	新疆疏附縣北
嚴國	俄國奧倫堡 Orenburg 及薩拉拖夫 Saratof
奄蔡國	俄國多姆司克 Tomsk 及德波尔司克 Tobolsk 州境
嬀塞	阿富汗國北境
阿惡地	蒙古唐努烏梁海部
昆崙塞	甘肅敦煌縣西南
白山	新疆哈密縣北境
姑墨	新疆温宿縣東

石城　俄國賽米尓金司克州佛艾耳尼城Wjernyi

尉頭　新疆烏什縣西

拘彌　新疆于闐縣

他乾城　新疆庫車縣東北

伊吾盧　新疆哈密縣

柳中　新疆魯克沁縣

伊和谷　新疆阜康縣南

東且彌國　新疆昌吉縣西南

兑虛谷　即東且彌王城

西且彌國　新疆呼圖壁縣西南

地名	今地
于大谷	即西且彌王城
金耳谷	新疆承化縣東北
爵離關	新疆焉耆縣東北
北山	即天山見匈奴和戰
南山	新疆皮山和闐洛浦于闐且末婼羌縣南境
扜泥城	即鄯善王城在新疆婼羌縣東北羅布泊南
且末	新疆且末縣北沙漠中
小宛	新疆且末縣南
精絕	新疆于闐縣東北尼雅河北沙漠中
戎盧	新疆于闐縣東南

地名	今地
卑品城	即戎盧王城
扜零城	即小宛王城
西城	即于闐王城
渠勒	新疆于闐縣南
皮山	新疆皮山縣南
鞬都城	即渠勒王城
蒲犂	新疆蒲犂縣東北
西夜	新疆葉城縣南
子合	印度克什米尔州Cashmir沙司脱Sast境
烏秅	阿富汗鎛姆Dsharm境

依耐	新疆蒲犁縣北
無雷	俄國霍罕州帕米尔斯基波司脱 Pamirski Post 西境
難兜	俄國布哈尔州喀雷浮瑪 Kalai-Wamar 東北境
罽賓	印度福隆梯尔州 N.W.Frontier 阿富汗巴米安 Bamian 東境
循鮮城	印度福隆梯尔州配沙華 Peshawar 北彭高拉 R. Panjkora 河濱
番兜城	伊蘭呼拉商州 Khorassan 巴治司坦城 Badjistan
和墨城	阿富汗柴尔哈特 Sarhad 北
雙靡城	印度克什米尔州馬司拖 Mastuj
護澡城	阿富汗甘都司 Kunduz
薄茅城	阿富汗巴米安 Bamian

撲挑國	阿富汗喀布尔城 Kabul
監氏城	阿富汗巴而黑 Balch
卑闐城	俄國錫尔河州 Syr-Darja 土耳開斯登 Turkestan
蘇薤城	俄國布哈尔州嘉尔布 Karschi
奧鞬城	俄國基窪州 Chiwa 烏尔根城 Urgentsch
貴山城	俄國霍罕州喀森城 Kassan
休循國	俄國霍罕州阿雷高原 Alai Plateau
烏飛谷	即休循王城
捐毒國	新疆烏魯克恰提縣西南伊尔開斯登 Irkestan
衍登谷	即捐毒王城

地名	今地
附墨城	俄國撒馬尔干州柯森晲 Chodschent
罽城	俄國布哈尔州首府西
窳匿城	俄國錫尔河州塔什干城 Taschkent
卑鞮侯井	新疆哈密縣東南
車延	新疆精河縣東
溫宿	新疆阿克蘇縣東南
延城	即龜茲王城
烏壘城	新疆輪台縣東
渠犂	新疆尉犂縣西南
捷枝	輪台東

地名	今地
員渠城	即焉耆王城
烏貪訾離國	新疆綏来縣
于婁谷	即烏貪訾離王城
卑陸前國	新疆阜康縣
卑陸後國	卑陸前國北
乾當谷	即卑陸前王城
番渠類谷	即卑陸後王城
郁立師國	新疆奇台縣西北
蒲類前國	新疆鎮西縣
蒲類後國	前國西北

疏榆谷	即蒲類前王城
移支國	即蒲類前國地
刦國	新疆昌吉縣北
丹渠谷	即刦國王城
狐胡國	即柳中
墨山國	即山國新疆托克遜縣西南
交河城	即車師前王城
務塗谷	即車師後王城
車柳谷	即狐胡王城
大宛	俄國霍罕州北部阿雷Alai Plateau高原以北

大月氏　即大夏

驪潛國　俄國基窪州

大益國　俄國裏海州西南部

高附國　阿富汗國美們 Meimane 南境

呼犍谷　即子合王城

烏弋山離　伊蘭起尔漫 Kerman 法尔斯 Fars 古西司丹 Kuhistan 羅力斯丹 Luristan 四州地

烏孫　亘新疆烏蘇精河伊寧綏定縣及俄國賽米尔金司克州 Semir-chensk 伊麗河 Ili 以南貝達尔山 Bedel Pass 以北

康居　亘俄國賽米尔金司克州北部吉尔奇思草原 Kirgis Aurde 圖斯池 Issyk Kul 西北及錫尔河州撒馬尔干州基窪州境

地名	今地
龜茲	新疆沙雅縣東渭東
火燒城	新疆庫車縣西北
三彌山	新疆庫車縣北
播仙城	同上
庭州	新疆迪化縣
北庭	新疆孚遠縣
金嶺城	新疆阜康縣南
金山	新疆鎮西縣東南
處木昆	新疆昌吉縣西北
咽城	同上

地名	今地
匐延	新疆霍尔果斯縣西
鏺汗	俄國霍罕州 Ferghana 北部阿賚高原 Alai Plateau（以北）
拔汗那	即鏺汗
烏骨	新疆哈密縣西北
天山	見漢通西域北山
時羅漫山	即天山
玉門關	敦煌西北
晉昌	甘肅安西縣
會寧	甘肅靖遠縣
樓煩	山西嵐縣

地名	今地
波斯	伊蘭國及俄國裏海州南部
罽賓	印度克什米尔州 Kashmir 彭傑勃州 Panjab
可賀敦城	俄國賽米尔金司克州柯登城 Kutem
沙陀	蒙古札薩克圖汗部左翼後旂西北
千泉	俄國賽米尔金司克州墨尔克城 Merke 南
高昌	新疆吐魯番縣
伊吾	新疆哈密縣
凉州	甘肅武威縣
金山	即阿勒坦山見突厥興滅
焉耆	新疆焉耆縣西北大小珠勒都斯河之間

康國　俄國撒馬尔干州Samarkand首府一帶

鏃曷山　新疆額敏縣東

浮圖城　北庭北

遏索山　新疆鎮西縣西北

突騎施　俄國賽米尔金司克州伊犁河Ili東北

弩失畢部　俄國錫尔河州奥利阿他Aulieata

莫賀城　新疆烏蘇縣西

西州　即龜茲

瑶池府　即莫賀城

牢山　新疆木壘河縣北

金牙山　俄國賽米爾金司克州圖斯池北之阿拉高原 Ala-Tau

金滿州　即庭州

豐州　綏遠五原縣南黃河南

喝盤陀　新疆蒲犂縣東

碎葉城　俄國賽米爾金司克州托克馬克 Tokmak 西北

榆慕谷　新疆阜康縣北

恒篤城　新疆沙灣縣西北

弓月道　新疆博樂縣境

葱山道　新疆疏附蒲犂縣西境

伊麗道　新疆綏定縣

石國　俄國錫爾河州塔什干城Tashkent東北至吹河Chu

冷泉　新疆尉犂縣東南

大嶺谷　新疆婼羌縣東戈治沙古爾境

何國　俄國撒馬爾干州伐耳西密諾Warsminor西

穆國　俄國裏海州開耳布Keltachi

蘇咄城　俄國錫爾河州土耳開斯登城Turkestan

濛池府　俄國錫爾河州東部吹河西

䶆海道　新疆輪臺縣

崑陵府　俄國賽米爾金司克州北部吹河東

疏勒　新疆疏附縣

地名	今地
咽麪	俄國賽米尔金司克州伊犁司克 Ilijsk 東
安西	即西州
肅州	甘肅酒泉縣
夏州	陝西橫山縣西北長城外無定河北
嗢鹿州	新疆伊寧綏定霍尔果斯縣一帶
金方道	俄國賽米尔金司克州東北
絜山州	俄國賽米尔金司克州伊犁司克西北至阿拉庫尔 Ala-kul
撥換城	新疆温宿縣東
處月部	新疆鎮西縣東北
怛羅斯城	俄國錫尔河州怛尔斯城 Ters

曳建城	怛羅斯城西北
俱蘭城	俄國賽米爾金司克州伊色格推Issygaty
于闐	新疆和闐縣
朱俱波國	新疆葉城縣南
溲河	新疆精河縣
笯赤建國	俄國錫爾河州埃克他什Ak-Tasch
咄陸部	新疆博樂縣極西庫克烏蘇境
米國	俄國撒馬爾干州烏爾古脫Urgut境
歌羅祿	俄國賽米帕勒丁司克州齋桑泊Saissan Nor東北境
僻城	新疆烏蘇縣西南

處密部　蒙古札薩克圖汗部右翼後末旂西南

護密多國　阿富汗翻沙拔特Faisabad東北境

鼠尼施　新疆綏来縣西北

史國　俄國布哈尔州嘉尔布Karschi

白水胡城　俄國錫尔河州希姆肯脫Tschimkent

吐火羅　俄國布哈尔州嘉拉他Karatag以南阿富汗興度庫虛Hindu-kusch大山以北帕米尔Pamir高原以西伊蘭Iran以東

賀邏嶺　俄國賽米尔金司克州佛艾尔尼Wjernyi東南之塔耳茄山Targar Berg

雷翥海　即俄國裏海州Transkaspische Prov.烏拉尔司克州Uralsk東錫尔河州Syr Darja西北之阿拉尔湖Aral-See

伊麗河

二源一曰帖克斯河出俄國賽米尔金司克州卡尔喀拉 Karkara 南之汗騰格里山北流折而東經新疆伊寧縣之沙圖阿滿台北又東折而北經紅畢三西又北與他源相會一曰崆吉斯河出伊寧縣東之嶺西通古里嶺西流經那里格南哈拉布拉北又西相合合而西流經阿瓦克南又西經伊寧綏定霍尔古斯三縣南又西經俄國賽米尔金司克州中基 Tschunsh 北又西經伊犁司克 Iliysk 北又西北入巴尔哈什湖 Balkash

鷹娑川

即海都河上游之小珠勒都斯河源出新疆焉耆縣西北之楚尔嶺西流經土尔扈特和碩特二旂北又西折而西南會大珠勒都斯河又東南經縣西又東南入博斯騰泊

碎葉川

即吹河 Chu 源出俄國賽米尔金司克州亞力山大山 Alexander Kette 東流至柯登 Kutem 西折而北至希尔阿雷克 Dshil-arygk 東又西北經拖克馬克 Tokmak 康司坦丁諾 Konstantinow 北又西北經錫尔河州雷司他姻信克 Rysstambek 東又西北經賽米帕勒丁司克州 Semi Palatinsk 阿克模林司

克州 Alamolinsk 南又西北至錫尔河州之書馬尔庫尔 Sarmal-kul 沙漠而涸

那密水

即柴拉夫孫河 Serawschan 源出俄國撒馬尔干州帕尔杜拉克 Paldorak 東之柴拉夫孫山西流經伐耳西密諾 Warsiminor 北又西經奔特布肯脱 Pendo-Chikent 北又西北經撒馬尔干州首府北又西北經喀他庫耳干 Katta-kurgan 北又西北經布哈尔州西愛亭 Siaeddin 北又西北經開尔敏 Kermine 北又西南經布哈尔首府西又西南至喀拉庫尔 Karakul 流入沙漠而涸

邪羅斯川

即烏倫古河見漢通西域枯梧河

雞合水

即察林河 Tscharyn 源出俄國賽米尔金司克州東南之泰謨立克 Temurlik Tau 高原西南流經卡尔卡拉 Karkara 北又西北經克根 Kegen 北又西折而北經阿克拖戈 Aktogoi 東又東北經中基 Tschundshi 西又西北入伊麗河

曳咥河

即哈什河源出新疆伊寧縣東南之哈喇古顏山西北流經白格當庫良南又西折而南至都尔伯勒津

西入伊麗河

熱海
俄國賽米尔金司克州南之圖斯泊 Issyk-kul

計舒河
即塔里木河二源北源曰喀什噶尔河出俄國霍罕州南部之大阿雷山 Trans-alai Gebirge 南東北流經烏魯克恰提縣南又東南經疏附縣南又東經疏勒縣北又東北經伽師縣東北又東經巴楚縣北又東北至阿瓦提縣南與他源會南源曰葉尔羌河出新疆葉城縣西南之庫[illegible]郎山北流折而東而東北經澤普縣北又東北折而北經莎車縣東麥盖提縣西又東北經巴楚縣南又東北相合合而東北經沙雅縣南又東經尉犂縣南又東入羅布淖尔

多羅斯川
即邪羅斯川

蒲類海
新疆鎮西縣東北

獨莫水
即卡許卡羅特河 Kashka Rud 源出俄國布哈尔州沙雷特靴 Sarygdachui 西北西北流折而西經耶喀

拔 Jakashah 北又西經嘉爾希 Karschi 北又西入沙
漠而涸

葛水

即額敏河源出新疆額敏縣東北之烏爾噶薩爾山
西南流經縣南又西折而西南至俄國賽米爾金司
克州烏盧阿拉爾 Utscharal 入阿拉庫爾 Ala-kul

葉葉水

即錫爾河 Syr-Darja 源出俄國賽米爾金司克州圖
斯池南之貪斯坎阿拉高原 Terskei Ala Tau 名那
林河 Naryn 西南流折而西經那林司克 Narynsk
北又西折而西北經霍罕州柯克伊立姆 Kok Irym
北又西折而西南經那門根 Namangan 南始稱錫
爾河又西南經柯鏗 Kokan 北又西南經撒馬爾干
州朱孫德 Chodshent 北又西南折而西北經錫爾
河州希那司 Tschinas 西又西北折而北經土爾開
斯登 Turkestan 西又西北經友門阿雷克 Tjumen-
aryk 南又西南折而西北經許雷克 Dschulek 西又
西北經彼洛扶司克 Perowsk 西又西北經喀拉拖
格 Kara-Tugai 西又西南折而西北經阿克蘇 Ak-
ssuat 南又西北經喀薩林司克 Kasalinsk 南又西
南折而西北入阿拉爾海 Aral see

馬頭川

即和闐河二源一出新疆和闐縣東南西北流經縣西一出墨玉縣南北流經縣東共向東北流至喀什拉什蘭格尒而合又北流至乎洛梧司孔分為二支一支北流一支東北流至阿瓦提縣東南入塔里木河

唐平高昌龜茲

唐太宗貞觀十三年侯君集契苾何力等伐高昌十四年何力拔其城智盛降二十一年阿史那社尒等伐龜茲破撥換城擒其王訶黎布失畢其將羯臘顛復叛高宗顯慶三年楊胄擊擒之

處月部

新疆鎮西縣東北

俱毗羅城

新疆拜城縣東

阿悉言城

新疆拜城縣

處密部

蒙古札薩克圖汗部右翼後末旂西

焉耆

新疆焉耆縣西北

南

磧口

新疆庫尒勒縣西

伊州

新疆哈密縣

多褐城	新疆庫車縣東
撥換城	新疆溫宿縣東
龜茲	新疆沙雅縣東渭干河東
安西	即龜茲都城
阿羯田山	即銀山
碎葉城	見西突厥興衰
凌山	新疆烏什縣西北與俄國交界處貝特耳山 Bedel Pass
笯赤建	見西突厥興衰
高昌	新疆吐魯番縣西
沙州	甘肅敦煌縣
泥師城	新疆庫車縣東
伊羅盧城	即龜茲都城
銀山	新疆焉耆輪臺庫車縣北境
跋祿迦	即撥換城
千泉	見西突厥興衰
怛羅斯城	見西突厥興衰
白水城	見西突厥興衰
石國	見西突厥興衰
柳谷	新疆鄯善縣

田地城　新疆魯克沁縣

交河城　同上

西州　即高昌王城

可汗浮圖城　新疆孚遠縣北

地名	今地
營州	熱河朝陽縣
蓋州	遼寧蓋平縣
曷山	朝鮮黃海道西海中
巖州	即白崖城
駐蹕山	安市城北門外
磨米城	遼寧本溪縣東南
鏤方道	遼寧遼陽縣東南
南蘇城	遼寧新賓縣北
蒼巖城	遼寧本溪縣東北
百濟府	朝鮮全羅北道全州南
柳城	遼寧興城縣西
蓋牟城	即蓋州
白崖城	遼寧遼陽縣東北
安市城	蓋州東北
橫山城	遼寧本溪縣東
石城	遼寧鳳城縣
金山	遼寧康平縣西南
木抵城	同上
帶方城	朝鮮黃海道黃州
東萊	山東掖縣

地名	今地
平壤	朝鮮平安南道平壤
幽州	河北北平市
萊州	即東萊
定州	河北定縣
通定	遼寧遼中縣西北遼河西
新城	遼寧瀋陽縣西北
沙卑城	遼寧海城縣
熊山城	石城西
遼東城	即遼州
烏骨城	遼寧岫巖縣東南
鄴	河南臨漳縣西
雒陽	河南洛陽縣
安蘿山	營州東南
懷遠鎮	遼寧義縣東南
玄菟	遼寧清原縣
建安城	蓋州東南
三山浦	東萊北海中
遼州	遼寧遼陽縣北
馬首山	遼寧遼陽縣西南
加尸城	平壤西南

地名	今地
後黄城	盖州東
麥谷城	遼寧本溪縣南
青邱道	朝鮮平安道西南
泊灼城	朝鮮平安北道昌城
貴端城	遼寧金縣西南
赤烽鎮	遼寧金縣南
成山	山東文登縣北
扶餘城	遼寧昌圖縣
任存城	朝鮮全羅北道金堤
葛嶺道	朝鮮慶尚北道義興
銀山城	沙卑城東南
臨渝關	河北臨渝縣
俱拔城	即百濟府
馬邑山	朝鮮平安南道中和西
積利城	遼寧寬甸縣西南
神邱道	朝鮮忠清全羅道
浿江道	朝鮮黄海道
周留城	朝鮮全羅北道裡里
古泗	朝鮮慶尚北道慶州西
沃沮道	朝鮮咸鏡道

真峴城　朝鮮忠清北道清州

支羅城　朝鮮京畿道安城

大行城　遼寧寬甸縣南

辱夷城　朝鮮平安南道安州

伐奴城　朝鮮平安北道龜城

七重城　朝鮮慶尚北道義城

新城　遼寧金縣西

泉山　蓋州南

熊津城　朝鮮京畿道通津

烏胡島　山東蓬萊縣東北海中

加林城　朝鮮忠清南道公州

白水山　朝鮮全羅道南海中

雞林道　朝鮮江原慶尚道

買肖城　朝鮮慶尚北道醴泉

南道　遼寧黑山縣北

南海府	朝鮮咸鏡北道鏡城
龍原府	吉林琿春縣南
鴨綠府	遼寧臨江縣
扶餘府	遼寧昌圖縣
定理府	遼寧瀋陽縣
率賓府	吉林琿春縣北
鐵利府	定理府西南
安遠府	遼寧寬甸縣東北
龍泉府	吉林寧安縣東南
顯德府	吉林永吉縣西南
長嶺府	遼寧海龍縣
鄚頡府	扶餘府南
安邊府	遼寧開原縣北
東平府	吉林依蘭縣南
懷遠府	扶餘府西北

地名	今地
不兒罕哈勒敦山	蒙古車臣汗部右翼前旂西北中後旂東南之肯特山
巴爾古真	俄國後貝加爾州巴尔古新Balgusin北之巴尔古新山
巴尔忽惕部	即巴尔古新河流域兩岸
阿勒赤阿晃火兒	蒙古車臣汗部左翼前旂東境
豁里秃馬敦	俄國後貝加爾州韋虛納烏丁司克Werchne Wdinsk
阿里兀孫	俄國後貝加爾州白尔那登Burjaten西
脫豁察温都兒山	俄國後貝加爾州阿克鋒Akscha東
跌里温盤陀山	俄國後貝加爾州苦魯蘇台Kulussutai西境之河洲
巴勒諄阿剌	蒙古車臣汗部左翼右旂西
都亦連山	蒙古車臣汗部右翼中左旂西南

哈蘭真沙陀　察哈尔烏珠穆沁右翼旂東境

赤忽兒古山　黑龍江呼倫縣西北

弘吉剌部　黑龍江索倫正紅鑲紅旂境

塔塔兒　黑龍江新巴尔虎正白旂及蒙古車臣汗部中右旂境

捏坤烏孫　蒙古土謝圖汗部薩拜賀林境

哈亦惕忽勒格惕　蒙古車臣汗部左翼後旂境

豁兒出恢山　蒙古車臣汗部右翼前旂東

古連勒古山　蒙古車臣汗部右翼中左旂東

兀剌黑啜勒　蒙古車臣汗部中左旂南

不兒吉　蒙古車臣汗部右翼前旂西北

地名	今地
塔勒渾阿剌勒	蒙古土謝圖汗部買賣城西南
孛脫罕孛斡兒只	蒙古車臣汗部中後旗西南
阿因合剌合納	蒙古車臣汗部右翼前旗北
忽勒答合兒崖子	黑龍江新巴尔虎正藍旗西南呼哈烏兒山
烏者兒哲兒們山	蒙古車臣汗部右翼中左旗北
玉律哥泉	蒙古車臣汗部右翼左旗西
札剌亦兒部	俄國後貝加尔州南音果達河 Ingoda 西境
答蘭版朱思	蒙古車臣汗部中左前旗西北
哲列捏	俄國後貝加尔州下烏丁司克 Wrter udinsk 東北
納剌禿失圖	蒙古車臣汗部哲格勒圖倫

地名	今地
朵欒盤陀	蒙古車臣汗部中末旗西北
帖列徒隘	俄國後貝加尔州恰克圖東
兀剌該不剌合	俄國後貝加尔州塞耳司基山Tscherskai東境
捏干貴因都	黑龍江臚賓縣西南
忽巴合牙	蒙古車臣汗部中右後旗東南
忽都渾	蒙古車臣汗部左翼左旗北境托克托尔
塔朵剌	蒙古土謝圖汗部左翼前旗西
哈喇温隘	蒙古車臣汗部中右後旗西南
克烈部	西界蒙古土謝圖汗部西庫倫東界客魯漣河上流
拜答剌邊只兒	新疆新土尔扈特旗阿尔噶靈圖北

兀魯黑塔黑	蒙古札薩克圖汗部及新疆新和碩特旂等地
額埒兒阿勒台	蒙古札薩克圖汗部中右翼末旂西北
帖列格禿口子	蒙古三音諾顏部烏里雅蘇台
忽剌阿山	蒙古三音諾顏部中後旂北右末旂西
徹徹温都兒山	蒙古車臣汗部東庫倫西哈柳圖北境
別兒客額列惕	蒙古土謝圖汗部左翼後旂東北
卯温都兒山	熱河經棚縣北之漠海恩都尔山
忽剌河卜魯哈	熱河阿魯科尔沁旂西北
斡峏訥屼山	黑龍江新巴尔虎正白旂境
卓兒完忽奴山	蒙古車臣汗部中右後旂西南

忽剌阿訥屼	蒙古土謝圖汗部庫倫東
三河源頭	蒙古車臣汗部中末旂西北
阿不只阿	蒙古車臣汗部中末旂西北
阿兒合沕苟吉	同上
哈剌温赤敦山	黑龍江新巴尔虎正藍旂東南特尔根山
泰亦赤兀部	俄國後貝加尔州色楞格河流域西岸
孟察山	俄國後貝加尔州婆羅柯夷甫Borochojeu北
阿剌烏特山	蒙古車臣汗部左翼右旂東北
乃蠻	西界俄國也兒的石河齋桑泊東界土謝圖汗部 西庫倫
濶迭格兒	蒙古車臣汗部右翼中前旂南

川勒	蒙古三音諾顏部札薩克圖汗部南境
帖麥該川	蒙古土謝圖汗部庫倫東南
康合兒合山	庫倫西北
建忒該山	黑龍江省西南哈尔哈河南呼哈馬尔山東北
杭海山	蒙古三音諾顏部中右翼末旗至烏里雅蘇台一帶
察乞兒馬兀惕	蒙古土謝圖汗旗南
忽札兀剌	蒙古唐努烏梁海部東南境
撒阿里客額兒	蒙古唐努烏梁海錫巴里卡倫
台合勒豁兒合	蒙古土謝圖汗部中左翼末旗西
金山	新疆承化縣東北亘蒙古科布多札薩克圖汗部西南境

阿來嶺	新疆承化縣東北
不黑都兒麻	俄國多蒲而司克州 Tobolsk
柯耳魯克部	俄國賽米爾金司克州柯帕爾 Kopal 城
儻魯山	即唐努烏拉山在蒙古唐努烏梁海部南科布多部北
撒里庫兒	新疆葉城縣西南薩雷庫勒
土綿斡亦剌部剌	蒙古唐努烏梁海部烏魯克克穆河流域兩岸
亦必兒失必兒	俄國葉尼塞州 Yenissei 東安哥拉河 R. Angora 北境
阿剌烏禿剌烏山	黑龍江省西南古爾班賽坎河源之烏特濕圖山
札木合部	蒙古車臣汗部東路中右旂北
康哈思部	俄國葉尼色州東南

地名	今地
蔑兒乞部	俄國後貝加尔州貝加尔湖東南境
畏吾兒	新疆吐魯番縣及廸化縣一帶
黑林	蒙古土謝圖汗部庫倫
徹克徹兒山	黑龍江新巴尔虎鑲白旂東北海拉尔河北
赤忽兒黑山	黑龍江陳巴尔虎正藍旂西額尔齊斯河東室韋格特山
阿蘭塞	熱河林西縣西北
失魯楚兒只特山	察哈尔烏珠穆沁左翼旂東北之索岳尔濟山
阿不禮闊惑哥兒	熱河經棚縣西北
阿剌兒	察哈尔阿巴哈納尔右翼旂東南達尔泊中之一島
哈喇不花	蒙古車臣汗部中後旂南

地名	今地
阿不札不花哥兀山	蒙古土謝圖汗部烏蘭達巴東北
塔剌速	蒙古車臣汗部中末右旗東
哈八剌漢山	黑龍江新巴尒虎鑲白旗東北呼倫池東之喦尒巴尒山
乞兒吉思部	東南界薛凉格河北界安哥拉河西南界賽留格木嶺唐努山
起特忽魯	蒙古土謝圖汗部左翼右末旗西波羅卓博善達東北
亦即納城	甘肅安西縣東
徹兒哥思灣	新疆庫車縣東南
曲先	新疆庫車縣
納忽嶺	蒙古土謝圖汗部西庫倫南錫尒哈阿集尒哈山閒
烏思部	康哈思部西

秃馬部	俄國後貝加尔州貝加尔湖東南
謙謙州	蒙古唐努烏梁海部烏魯克穆河南干諾什山西北
兀兒速惕部	俄國伊尔庫次克州東南貝加尔湖西雷那河Lena東
田列克部	兀兒速惕部西雷那河西
客思的迷部	俄國伊尔庫次克州安哥拉河Angora東
火因亦而干	蒙古唐努烏梁海部東北境
霍拉思布（拉思）	蒙古土謝圖汗部右翼左末旂東北
奎騰山	察哈尔蘇尼特左翼旂東北
和闐	新疆和闐縣
喀什噶爾	新疆疏附縣

甘州	甘肅張掖縣
兀魯塔黑山	俄國賽米帕勒丁司克州卡卡拉林Karkaralinsk東南肯得山Kent
肅州	甘肅酒泉縣
滴兒雪開城	寧夏靈武縣
伊兒開都城	寧夏寧夏縣
兀剌該不剌合	源出俄國後貝加爾州陶爾斯基山Daurski北流折而東北至克魯布寧Krutschinin入音果達河
薩里河	蒙古車臣汗部右翼中左旂北
曲薛兀澤	蒙古土謝圖汗部中右末旂南
虎兒圖湖	即俄國後貝加爾州若魯蘇台Kulussutai南之托列伊湖Torei S.

浯洌札河

即奎屯河源出蒙古車臣汗部左翼左翼右旗東北東北流經左翼中旗北又東經左翼左旗北又東北經巴尔罕達蓋北又東折而西北至俄國後貝加尔州庫魯蘇台南Kulussutai入托列伊湖

Torei s.

斡難河

源出蒙古車臣汗部中後旗南之小肯特山東麓東北流折而東南經中末次旗北又東折而東北經俄國後貝加尔州基林司克Kyrinsk東阿克鎛Akscha西又東經恰尔堆Tschaltui喀蒲却也夫Kabuchajew北又東北經培尔基Byrkei喀拉沙Karakasar西又東北折而西北至敖嫩Onon東會音果達河Ingoda始稱石勒喀河Schilka

捕魚兒海

即蒙古車臣汗部中右旗西北貝尔池

斡兒河

即呼鄂果勒河源出黑龍江索倫鑲紅旗東境西北流折而北經正紅旗西又東北至呼倫縣南入

伊敏河

瀾連海	即黑龍江臚朐縣南呼倫池
兀兒失温河	即烏尒順河自貝尒池洩出北流入呼倫池
豁兒豁納川	源出蒙古車臣汗部右翼前旂南東北流經中末次旂南又東北入敖嫩河
乞沐兒合河	源出蒙古車臣汗部左翼左旂北東北流折而東南至巴尒罕達蓋北入奎屯河
桑哥兒河	即僧庫尒河源出蒙古車臣汗部中右後旂東北南流經右翼中前旂東又南入克魯倫河
客魯連河	即克魯倫河見匈奴和戰弓盧水
土兀剌河	即土拉河見匈奴和戰余吾水
合灃泐海子	蒙古車臣汗部右翼中左旂東北
不兀剌客額兒	即伊羅河源出蒙古土謝圖汗部右翼左末旂西東北流折而西北至買賣城西南入鄂尒坤河
斡兒洹河	即鄂尒坤河見匈奴和戰龍勒水

薛涼格河
即色楞格河，見柔然興滅石水

合剌只客額兒
即吉打河 Dschida 源出俄國後貝加尔州欽格烏尔斯基 Changar ulchy: 西，東南流經阿薩琴司克 Asarginsk 南，又東經柴基尔司克 Zakinsk 南，又東經喀達茲克 Kaddatsk 北，又東北至烏司脫耶克他 ust Kjachta 北入色楞格河

勒勒豁河
即基戈河 Tschikoi 源出俄國後貝加尔州阿與琴司克 Aschenginsk 北，東北流，折而西，經耶馬羅夫司克 Jamarowsk 南，又西南經奧新司克 Ossinsk 南，又西南經鮑洛却也夫 Borochojew 南，又西南經烏魯克司克 Urlukask 南，又西北經柯達林 Kudarin 西，又西北入色楞格河

塔納小河
源出蒙古車臣汗部右翼前旂東，東北流，經中末次旂北，又東入敖嫩河

訶潤兒禿主不兒
源出蒙古土謝圖汗部右翼左末旂南，東南流入土拉河

合察兀剌禿速卜赤惕
源出蒙古土謝圖汗部右翼左末旂西北，西南流入哈剌河

忽里牙速卜赤惕	源出蒙古土謝圖汗部庫倫南南流入土拉河
豁爾豁納主不兒	源出蒙古車臣汗部左翼前旂東南北流入哈勒哈河
騰格里水	即蒙古車臣汗部左翼後旂東南之努庫台河
兀勒灰失魯格勒只惕	即烏里勒吉河源出察哈爾烏珠穆沁左翼旂東北興戈勒台北之索岳爾濟山南流折而西南經和魯爾西又南經伊爾古倫古門伊爾西又西南經昌圖爾布里都南又伊西折而西北入右翼界又西至克勒河朔之地凋
巴勒渚納泊	俄國貝加爾州克拉司諾耶爾司克 Krasnoj-arsk 北
額爾古訥河	自黑龍江臚賓縣東南之呼倫池洩出東北流經縣東又東東北經俄國後貝加爾州開拉斯多那 Kailastujen 東又東北經祖魯海圖也夫司克 Zuruchaitujewsk 東又西北折而東北經沙爾 Burinsk 郭爾 Sorgol 東又東北經布林司克 Burinsk 東又東北經布爾都魯也夫司克 Bulduruijewsk 東

又東北經室韋縣西又東北折而北經奇乾縣西又北折而西經俄國後貝加爾州蒲亭康 Budiinkan 北又北折而東北經木赤堪 Mutachikan 東又東北至賽東勃倫司克 Serebransk 東會石勒喀河 Schilka

犍河

即根河源出黑龍江省西北之英吉奇山西西南流折而西北入額爾古納河

潤亦田

即浯沕札河

垂河

即吹河見西突厥興衰

荅蘭捏木哥兒

即托尓果勒河見奚契丹渤海盛衰洮兒河

潰豁黑水

源出蒙古科布多部札哈沁旗北之索尒必嶺西南流入布尒根河

忽木升吉兒

即臣古里河源出新疆新和碩特旗西北之哈拉圖泊東南流折而南至布尒根西南入烏倫古河

兀瀧古河

即烏倫古河見漢通西域

乞失泐巴失海子	新疆布倫托縣西北之布倫托湖
合剌泄兀勒河	即察罕郭勒河源出新疆和碩特旂東南西南流至布爾根河東南入烏倫古河
合蘭只	即察勒河二源一出熱河札魯特右翼旂西北之鑑克尔赫額倫蘇東南流折而西南一出阿魯科
	尔沁旂西北之蘇克斜魯山東北流折而東南而南又東南相合合而東南經大山縣東北又東東北
	折而東至遼寧科尔沁左翼中旂南瀦爲達布蘇圖泊
哈勒哈河	即哈勒欣河數源俱出黑龍江新巴尔虎正藍旂東南之特尔根山西流折而西北經正白旂南又
	西折而西南入貝尔池
統格黎小河	源出黑龍江新巴尔虎正白旂西之都蘭哈拉山東北流入烏尔順河
班朱尼河	即客魯漣河
的的克撒合勒泊	蒙古三音諾顏部額魯特前旂西南東洩至土謝圖汗部境入鄂尔坤河

湼坤河
即斡兒洹河

合池兒水
源出蒙古三音諾顔部中右翼末旂西北東流入活伊圖塔米尓河

塔米尓河
二源一曰活伊圖塔米尓河見匈奴和戰一曰烏尓圖塔米尓河見突厥興滅

迭兒惡河
即德勒格河源出蒙古唐努烏梁海南境之察尓古建山口東南流折而東而南至三音諾顔部右翼後旂西北入色楞格河

也兒的石河
上流曰額尓齊斯河源出新疆新和碩特旂西南西北流經德尓克板津台南又西北經布尓津縣哈巴河縣南又西北折而西南至俄國賽米帕勒丁司克州薩雷布拉克 Sarybulak 北入齋桑泊 Jaisan 自北口洩出始稱也兒的石河 Irtysch 又東北折而西北經烏司脫嘉門郭尓司克 west Kamenogorsk 西又西北折而西經州城南又西北經鮑羅達 Pawlodar 西又西北經鮑勒羅夫司克 Bobrowsk 西又西北經沙而耶諾 Soljani 西又西北經阿克模林司克州奧姆司克 Omsk 西

又西北折而東北經他克美茲克Takmy Tsk東又北折而西北經烏斯脫明司克Wost-minsk北又西北經潘古斯丁司克Pogostinsk北又西北經拖蒲昇司克Tobolsk西又東北經斯林基那Slin-ama東又東北經被希那Peschina西又東北折而北經薩伏亭司克Sawodinsk東又北折而西北至薩馬羅夫司克Samorowsk西北入俄比河Ob Fluss

失黑失惕

自蒙古唐努烏梁海庫蘇古爾泊洩出南流折而東南至土謝圖汗部右翼左旂西南入色楞格河

哈剌河

源出蒙古土謝圖汗部庫倫西南北流折而西北經右翼右末旂北又西北折而北至右翼末旂東南入鄂爾坤河

也迭兒按台河

即哲勒特河源出新疆承化縣東西南流折而南入額爾齊斯河

月良兀禿剌思

即音果達河Ingoda源出俄國後貝加爾州烏魯司Uluss沙亨陀山Sochondo B.北流折而東北經郭爾加Gorchka巴而沙司克Balowsk塔塔烏羅Tataurowa東又東經赤塔Tschita南折而

東南經克羅希寧 Krutschinin 南又東南折而東北經烏羅而茄 urulga 南又東經敖嫩 Onen 南會敖嫩河始稱石勒喀河 Schilka

禿律別兒河　即結爾布勒河源出黑龍江室韋縣東南之綽博克托山西南流至俄國後貝加爾州祖魯海圖耶夫司克 Zuruchaitujewsk 東入額爾果納河

海剌兒河　即海拉爾河源出黑龍江托河路東北之大興安嶺吉勒肯奇山西南流折而西而西南經呼倫縣北又西折而西北經陳巴爾虎正藍旂南又西折而西南而西北至臚賓縣東南入額爾古納河

帖尼火魯罕　即墨爾根河源出黑龍江陳巴爾虎鑲白旂東北之烏克錫哈奇山南流折而西南經正藍旂東南又南入海拉爾河

失連真河　源出察哈爾烏珠穆沁左翼旂西北西南流豬爲泊

董哥澤　黑龍江新巴爾虎正藍旂西南

陳轁瓦河　即特諾克河源出黑龍江托河路北境之達尔心圖山西南流折而東南入海拉尔河

莎合水　即雖合水見西突厥輿表

蘄河　即精河源出新疆精河縣東南之沙雷達完山西北流經縣西又西北入艾比湖

亦馬兒河　即額敏河見西突厥輿表葛水

鄂尔河　源出黑龍江新巴尔虎鑲黃旂甘珠寺東北西南流入烏尔順河

蒙古取西亞

宋寧宗嘉定十二年成吉思汗踰金山征花剌子模自不剌城及阿力麻里渡亦列河经虎思斡目朶塔剌思巫苦盞城而至訛脫剌兒分為四軍命察合台窩闊台統第一軍留攻訛脫剌兒陷之命术赤統第二軍向八兒真遏失那斤進取氈的命阿剌黑速客圖脫海統第三軍下忽氈自率中軍降匝兒訥黑取道訥兒向不花剌屠其都城移軍克撒馬爾干命哲別自伊塞烏朶速不台自烏里雅克台追蘇尔灘謨罕默德至呼拉商謨罕默德自巴而黑奔你沙不兒速不台陷

喀布珊徒思伊斯法楞達蔑罕西模娘城入伊拉克阿只速哲別取馬三德蘭至剌夷城兩軍相會謨罕默德自你沙不兒入可疾云城又繞低廉入裏海中卑剌沙克島死焉其三子由巴勒罕海灣至曼乞失剌克長子札剌勒丁於十四年避入納薩成吉思汗命察合台術赤窩闊台攻之札剌勒丁自海拉特遁入嘎自尼又命術赤察合台攻花剌子模國都烏尒鞬赤屠之成吉思汗涉阿母河掠巴而黑屠諾司雷脫柯塞尒命拖雷征呼拉商州拖雷遣將陷納薩斯不塞魯徒思自將陷蔑而甫沙夫耳你沙不兒海拉特十四年札剌勒丁與蒙古將古突古等戰於八米俺附近之火兒俺大敗之尋以部下不和退守嘎自尼成吉思汗自領兵追之及於印度河札剌勒丁渡河遁去成吉思汗遣海蘭禿兒台追入中印度躪璧薩烏尒躒拉火耳木而灘等城復渡申河而還嘎自尼十五年速不台哲別入伊拉克阿只速降哈馬丹破贊章可疾云城抵台白利司突厥王請和退駐木干草原侵入谷兒只敗其軍二將復經台白利司圍梅拉喀向伊剌克阿剌璧哈里徵額兒比勒毛夕里河間諸國王入援蒙古軍還圍攻哈馬丹焚其城旋復北征破額兒迭比勒屠撒剌卜拜勒寒二城進掠失兒灣部破沙馬乞取打耳班遂逾太和嶺阿蘭薛兒客速欽察諸部合兵禦戰蒙古軍擊敗之躪塔兒乞

城欽察人逃入斡羅思及東羅馬十六年斡羅思諸王合兵禦蒙古進至迦勒迦河蒙古軍奮擊破之進躪斡羅思南部入克里米亞半島涉冬離其境侵入不里阿耳取道撒哈辛退軍乞兒吉思草原會謨罕默德子羅古哀丁在剌夷附近之速敦阿兒的堡使台馬思等攻拔之斬羅古哀丁十七年臨剌夷撒瓦柯傷遂入阿特耳佩占乃引軍還札剌勒丁自印度札赤經沙漠還起尔漫州復至亦思法杭襲其弟嘉泰丁於剌夷擒之理宗寶慶元年札剌勒丁攻哈里發圍脫司泰兒城不克進襲報達至雅庫拔敗哈里發將忽失帖木兒拔達庫哈城班師折向阿哲兒拜占下之進征谷兒只收脫文城谷兒只會阿蘭欽察等部拒戰札剌勒丁大敗之臨梯弗利司城二年離谷兒只進兵起剌特紹定元年蒙古兵至伊拉克札剌勒丁迎戰克希牙敗退亦思法杭蒙古軍取道你沙不兒渡阿母河東歸尋復至札剌勒丁退台白利司谷兒只集阿昧尼亞阿蘭欽察等部來攻札剌勒丁迎戰於漫都兒敗之三年攻臨起剌特城西里亞阿思剌夫羅姆王凱庫拔合兵救之至喀兒特培兒特兩軍會戰札剌勒丁大敗逃歸庫亦城復歸台白利司太宗命那顏綽兒馬罕西征出伊拉克阿只迷札剌勒丁由台白利司向裏海沿岸之莫干集兵蒙古軍襲之復奔阿剌斯河蒙古軍向加木耳四年札

剌勒丁至甘札復赴阿米德行至梅法而定蒙古兵追及之遁入山中為曲兒忒人所殺蒙古軍掠愛而西楞梅法而定
等屠馬兒辛札兒哈布兒向毛夕里轉攻額兒比勒哈里發木司丹錫尔召諸國入援埃及蘇尔灘加美兒亦向哀甫拉
特河上流同禦蒙古蒙古軍戰敗而退加美兒臨希申凱發城端平三年蒙古軍沿底格里士河入伊拉克阿拉伯北部
進迫報達教主進軍哲拔耳汗默林禦之破蒙古軍嘉熙二年蒙古軍向倪懸斤哈里發將卑里古敗遁綽兒馬罕徇阿
剌司庫尔二河中間地合達罕取克答拔谷等城木剌兒取贍喀兒佐剌取喀真察合塔取羅兒希三年綽兒馬罕偕瓦
藍等取阿美尼亞都城阿尼並屠喀而斯四年貝住圍額兒哲羅姆屠其城淳祐三年貝住侵額兒贊章羅姆王開鄜蘇
率兵向西瓦斯禦之至阿克失哈兒阿剌庫黑山駐營全軍潰走蒙古軍掠脫哈特愷撒里牙進至西里亞阿勒波四年
西里西亞國降五年取完湖以北諸地及魯哈納苦賓等城九年臨達庫哈十年蒙古軍侵入美索波達米亞屠底牙兒
別克兒進至蘇魯治寶祐元年憲宗命旭烈兀西征四年旭烈兀渡阿母河入呼拉商進攻木剌夷亦思馬因教徒遣怯
的不花平庫希斯單屠禿溫鎮自至比司塔姆諭其教主魯克賴丁來降魯克賴丁不允乃命不花帖木兒等將右翼由

馬三德蘭進怯的不花等將左翼向胡瓦耳西模娘進合圍
鹿忒巴耳博勒海等向阿剌模忒旭烈兀自將中軍從塔勒圍
千直衝低簾攻梅門迭司城魯克頼丁出降遣其徇下魯德
八兒等四十餘堡自至阿剌模忒城下諭降五年令塔亦兒
不花留攻蘭巴撒耳自歸可疾云呼拉高蒙古統將聚庫希
斯單境內之亦思馬因教徒盡殺之凡一萬二千人旭烈兀
進征報達以貝住不花帖木兒將右翼經毛夕耳渡體格力
斯河哈里發王謨斯塔辛使艾伯格貴禿丁守雅庫拔及巴
只失利間六年迎擊蒙古前鋒蘇渾察軍於安八兒蒙古軍
退至別歐利野艾伯格等追至朶者勒河蒙古軍返戰決堤
灌其營報達軍大敗貴禿丁死焉三軍合圍報達都城臨之
殺其王闊慶元年旭烈兀征西里亞自將中軍以辛忽兒貝
住將右翼孫札克將左翼從起剌特逾哈喀兒山入底牙兒
別克兒進至哈朗拔畢萊特城渡哀甫拉特河進攻阿勒波
景定元年拔之復臨達馬斯克城

布哈尔　俄國首府　布哈尔州 Buchara　巴惕客薛　印度彭傑勒州 Punjab　喀拉巴格城 Kalabagh

額兒哲羅姆　土耳其阿尔曼尼亞州 Armenien　額兒哲羅姆 Erzerum

地名	今地
巴魯安	阿富汗喀布尔城 Kabul 西北
呼拉商	伊蘭呼拉商州 Chorassan
玉龍傑赤	俄國基窪州 Chiwa 烏尔根齊城 Urgentsch
兀都剌兒城	新疆阿克蘇縣
安都	敘利亞 Syria 安都 Antioch
馬三德蘭	伊蘭馬三德蘭州 Masanderan
阿勒壇豁桓兒	阿富汗奈雷城 Naryn
也里	阿富汗海拉脱城 Herat
哈林	敘利亞哈林 Harim
出黑扯連城	呼拉商州希那倫 Tschinaran

報達	伊拉克 Iraq 美索波達米亞州 Mesopotamia・報達 Baghdad
康鄰	俄國烏拉而司克州 Uralsk 土耳格州 Turgai
安納黑	伊拉克安納黑 Anah
馬札剌惕	匈牙利國 Ungarn
伊拉克阿迷只	伊蘭伊拉克阿只迷州 Iraq-adjemi
梅法而定部	土耳其柯尔迪司登 Kurdistan 州梅耶法金 Meyafarkin
阿而奇施城	土耳其柯尔迪司登州阿而奇施 Arjish
達馬斯克	叙利亞達馬斯克城 Damascus
阿米德	土耳其柯尔迪司登州阿耳格尼 Argni
巴尼亞思	叙利亞巴尼亞思 Banijas

客失米兒　印度克什米尔州 Kashmir

孛剌兒　保加利亞國 Bulgaria

泄剌失　伊蘭法而司州 Fars 泄剌司 Schiraz

蘇敦阿完　伊蘭伊拉克阿只迷州蘇敦阿拔特 Sultanabad

撒馬尔干　俄國撒馬尔干州 Samarkand

答剌　土耳其柯尔迪司登州答剌 Dara

馬兒丁　土耳其柯尔迪司登州馬兒丁 Mardin

額失納思　俄國錫尔河州喀拉拖格 Kara-Tugai

歆姆司　叙利亞呼姆司 Homs

你夕班城　叙利亞你夕班 Nesibin

兀丹	新疆和闐縣
古爾	阿富汗古里安 Gurian
辛札兒	伊拉克辛札兒 Sindjar
乞思合兒	新疆疏勒縣
葉密里	新疆額敏縣東南
剌迦	叙利亞剌迦 Rakka
馬納司格德兒	土耳其柯尔迪司登州梅拉司格兒德 melazkert
色里晉勒	俄國撒馬尔干州色拉布拉克 Sara-bulak
哲吉萊特	土耳其柯尔迪司登州哲齊萊特 Djeziret
阿布耶	叙利亞阿布開馬耳 Abukemal

哲巴勒　伊拉克哲巴利 Djabarije

色勒米牙特　敘利亞色勒米牙 Selemiya

得里　印度聯合州 United province 得里 Delhi

塔克利特　伊拉克塔克利特 Tekrit

哈底徹　伊拉克哈底徹 Hadithe

兀里羊　新疆葉城縣

阿兒不合　綏遠鄂爾多斯右翼中旂西北河套外

沙而來脱城　土耳其柯爾迪司登州地齊來悦 Djeziret

搠斡兒合惕　綏遠包頭縣西北

賀蘭山　寧夏平羅寧朔金積縣西

地名	今地
阿剌塔黑堡	呼拉商州塔拔司 Tabbas
必忒力斯城	土耳其柯尔迪司登州必忒力斯 Bitlis
哈布兒	叙利亞哈布兒 Khabur
㮚拔耳 汗默林山	伊拉克塔克利特北汗默林山 Dj. Hamrin
阿剌塔克	土耳其阿尔曼尼亞州完湖 L. Van Ala
西凉	甘肅武威酒泉縣
雪山	寧夏阿拉善額魯特旗楚輝山
侃遷斤城	土耳其柯尔迪司登州侃遷斤 Tchanghin
查維	呼拉商州阿維思 Awis
沙馬吉	土耳其阿尔曼尼亞州沙模耳 Tchamur

斡羅孩城　寧夏寧夏縣西北

靈州　寧夏靈武縣西南

培兒克利　土耳其柯尔迦司登州培兒克利 Bergiri

哈兒　伊蘭德黑蘭州 Teheran 哈兒 Lohar

突而吉斯單　新疆烏什疏勒縣北俄國霍罕州北西至錫尔河

斡脱羅兒　俄國錫尔河州土耳開司登 Turkestan 西

巴耳赤邗　俄國錫尔河州培耳喀森 Berkasan

泥沙兀兒　阿富汗海拉脱 Herat 西北

巴里黑　阿富汗巴而黑 Balch 城

范延山　阿富汗海延拔 Hei-bag

馬魯察葉可	阿富汗美魯察克 merutschak
馬兒哈卜	敘利亞馬兒哈卜 marhab
昔剌思	俄國外加司賓州 Trans-caspian 昔剌黑思城 Serachs
徒思	呼拉商州徒羅黑城 Dorochsch
你沙不兒	呼拉商州你沙不兒 Nischapur
老底射	敘利亞老底基射 Ladikije
木剌夷國	呼拉商州馬三德蘭州 masanderan 北境
呼思特拉城	報達東南
哈朗	土耳其柯尔迪司登州哈朗 Harran
喀兒特培特兒	土耳其柯尔迪斯登州喀兒普特 Kharput

途魯吉	俄國賽米尔金司克州那林河 Naryn 流域
庫頁	伊蘭阿色培琴州 Aserbeidjan 庫頁 Choi
柯耳魯地	俄國賽米尔金司克州巴尔喀什湖 Balkash 東南
特里波立城	叙利亞特里波立 Tripoli
畏兀兒	新疆吐魯番庫車溫宿縣一帶
哥疾寧	阿富汗嘎自尼 Ghazni
可不里	阿富汗喀布尔 Kabul
開羅	埃及開羅 Cairo
苔不昔牙	俄國布哈尔州開尔明 Kermine
喀隆堡	伊蘭哲姆司州 Chamae 柯特欲耳 Kudjur 境

雖而哲寒堡 伊蘭抵姆司州蘇尔他尼Sultanie境

那黑沙不 俄國布哈尔州喀尔希Karschi

哈馬特 叙利亞哈馬Hama

忽氊 俄國撒馬尔干州霍鄭脫Chodschent城

阿利失 埃及阿利失El-arish

麻耳亦囊 俄國霍罕州瑪耳格朗城Margelan

脫兒脫思 叙利亞脫兒脫思Tartus

柯提 俄國基窪州Chiwa喀脫Kjat

的里安 柯提南

巴補 俄國霍罕州那門根城Namangan西

阿克兒	英屬巴勒斯丁州 Palestine Acre
訛跡邪	俄國霍罕州烏思根 Usgen
倭赤	新疆烏什縣
塞兒明	叙利亞塞兒明 Sermin
欣都山	阿富汗東北巴達克山剌之欣都大山 Hindukusch
木拉梯亞	土耳其柯尔廸司登州木拉梯亞 Malatia
苦叉	新疆庫車縣
柯散	俄國霍罕州喀森城 Kassan
阿勒波	叙里亞阿勒波 Aleppo
科尼亞	土耳其雷伽尼州 Lycaonien 科尼亞 Konia

地名	今地
阿忒八失	俄國賽米尔金司克州阿忒八失 At-basch 山麓
八里茫	俄國賽米尔金司克州特穆尔圖泊北之巴尔渾嶺
察赤	俄國錫尔河州塔什干城 Taschkent
亦剌八里	俄國賽米尔金司克州佛艾尔尼城 Wjernyj
阿匝思	阿勒波北
别力特	叙利亞貝魯特 Beirut
普剌	新疆博樂縣西綏定縣北
哈温克	阿富汗哈華克 Chawak
耶路撒冷	英屬巴勒斯丁州耶路撒冷 Jerusalem
罕荅哈兒	阿富汗甘荅哈兒 Kandahar

地名	今地
色勒米牙特	敘利亞色勒米牙 Selemije
阿力麻里	新疆伊寧縣西
愛而靖占	土耳其阿尔曼尼亞州愛而靖根 Erzingan
阿克塞萊	土耳其雷伽尼州阿克塞萊 Akserei
西瓦斯	土耳其喀巴杜西州 Cappadocien 西瓦斯 Siwas
魯克塵	新疆魯克沁縣
阿布里斯庭	土耳其韜羅州 Taurus 阿耳别司登 Albistan
塔喀特城	土耳其奔多州 Pontus
别失八里	新疆孚遠縣西北
梯别里亞德	英屬巴勒斯丁州梯别里亞司 Tiberiae

阿音塔卜	土耳其鄂羅州阿音塔卜 Aintab
他古新	新疆吐魯番縣西
愷撒里牙城	土耳其喀巴杜西州愷撒里牙 Kaisarije
希烈	伊拉克希烈 Hilleh
馬刺失	土耳其鄂羅州馬刺失 Marasch
仰吉八里	新疆綏来縣西
古塔巴	新疆呼圖壁縣
合匝	英屬巴勒斯丁州合匝 Ghasa
畢萊特	土耳其美索波達米亞州畢萊特克 Biredjik
彰八里	新疆昌吉縣

納不魯思	英屬巴勒斯丁州納不魯思Nablus
哈剌特羅堡姆	畢莱特北
撒法德	英屬巴勒斯丁州撒法德Safed
賓兒奴克城	俄國撒馬尔干州希撒克Dschisak
信地	印度辛特州Sind
凱辣脫部	土耳其阿尔曼尼亞州完湖L. Van西北
札八兒	叙利亞乾拉勃羅Jerablus
凱而徒俺城	呼拉商州伊虛喀梅許Jschkamysch
凱撒利亞	英屬巴勒斯丁州凱撒利亞Caesarea
養吉干	俄國錫尔河州阿克柯徒克Ak-tuduk北境

哈魯尼忽思	叙利亞喀拉忽思 Karagïz
塔布瑟	俄國撒馬尔干州塔布 Daghu
牙法	英屬巴勒斯丁州牙法 Jaffa
撒兒的勒	俄國布哈尔州齊愛亭 Siaeddin
亦思痕迭 魯納	叙利亞亦思痕特隆 Iskanderun
花剌子模	東界錫尔河及印度河西北盡伊蘭邊境西南至波斯灣北濱裏海及阿拉尔海
阿答納	土耳其西里西亞州 Adana
巴德基司	伊蘭呼拉商州巴德基司登 Badgistan
賽蘭	俄國錫尔河州沙拉普却那 Scharap-chana
般札卜	俄國布哈尔州荷沙 Hisar

氈的　俄國錫尔河州喀薩林司克 Kasalinsk 西北

八哈剌因　阿剌伯半島東波斯灣西英屬巴拉因島 Island

怯失　伊蘭法而司州 Fars 南岸海灣内茄司島 Geis Island

西斯　土耳其西里西亞州西斯 Sis

孫丹尼牙　伊蘭哲姆司州蘇耳他尼 Sultanie 城

達蔑干　呼拉商州達姆干 Damgan

忽里模子　伊蘭法而司州霍而麻司島 Hormus Island

奈伯克　敘利亞奈伯克 Nebk

可咱隆　伊蘭法而司州喀司隆城 Kasrun

泄剌斯　伊蘭法而司州泄剌斯 Schiras

馬昔撒	土耳其西里西亞州盜昔思 Misis
苦法	伊拉克美索波達米亞州開非耳城 Kefil
凱撒里牙	Kaisarije 土耳其阿那拖利亞州 Anatolia 凱撒里牙
瓦夕的	伊拉克美索波達米亞州烏齊耳 Uzer
雅庫拔	伊拉克美索波達米亞州拔庫拔城 Bakuba
巴阿勒伯克	敘利亞巴阿勒伯克 Paalbek
毛夕耳	伊拉克美索波達米亞州木蘇耳城 Mosul
火勒汪	伊蘭柯尔迪司登州梅里汪 Merivan
克思維特	敘利亞克思維 Kisweh
乞里茫沙杭	伊蘭起爾孟沙州 Kirman-schah 首府

羅耳	伊蘭羅里司坦州 Luristan
牟納撒	毛夕耳西北
那哈完的	伊蘭起而孟沙州奈哈文特 Nehawend
哈里耶廷	叙里亞喀尔耶登 Karjeten
克沙夫	叙利亞蒲色勒 Buseira 境
亦思法杭	伊蘭伊思法杭州 Isfahan
撒瓦	伊蘭德黑蘭州撒瓦 Sawah
柯傷	伊蘭伊拉克阿只迷州喀傷城 Kaschan
低簾	伊蘭基蘭州 Gilan
古兒只	阿富汗古希巴勃 Kuhi-baba

額塞德	伊蘭起而孟沙州額塞德阿拔特 Asad-abad
哈馬丹	伊蘭哈馬丹州 Hamadan
菲魯司	伊蘭起而孟沙州菲魯司阿拔特 Firusabad
蘭巴撒耳	伊蘭基蘭州披蘭巴沙 Pirebasar
胡瓦耳	伊蘭德黑蘭州海伐內開夫 Heiwanekeif
西模曩	呼拉商州西姆曩 Semnan
阿里阿巴的	馬三德蘭州阿里阿巴特 Aliabad
可疾云	伊蘭喀思云州 Kaswin 首府
額兒比勒	伊拉克額兒比尔 Erbil
達庫哈	伊拉克達杜克翁克 Daduk-Tauk

阿模尔	馬三德蘭州阿模尔城 Amol
撒里牙	馬三德蘭州薩里城 Sari
火勒完	伊蘭起而孟沙州哈龍完 Harrun-aw
塔米設	撒里牙東南
賛章	伊蘭哲姆司州孫占城 Sendjen
舒勒	伊蘭阿拉俾司登州 Arabistan
阿八哈耳	喀思云州阿白哈耳 Abhar
撒里茈	土耳其蘇尔門州 Sulemanje
比司塔姆	呼拉商州卜司塔姆 Bostam
庫希斯單	伊蘭庫希斯單州 Kuhistan

名	註
朱里章	伊蘭達拔里司登州 Dabaristan 州朱而章
的希思丹	俄國外加司賓州基西尔阿華脱 Kisil-arwat Gordjan
巴某	俄國外加司賓州巴米城 Bami
塔八辛	庫希斯單州塔八司 Tebbes
不思忒	伊蘭亦司特州 Jesd 首府
法因	呼拉商州喀因城 Kain
秃温鎮	庫希斯單州多思 Tun
脱司泰兒	阿拉俾司登州旭司泰兒 Schuschter
撒刺哈夕	呼拉商州鎛羅特城 Schahrud
巴瓦兒的	呼拉商州西亞雷脱 Siaret

蔑而甫	俄國外加司賓州謀夫城 merv 東
塔里寒	阿富汗他拉干 Talachan
秃馬温	馬三德蘭州特馬温 Demawend
猕斯羅	伊拉克巴司拉 Basra
希蘭山	喀思云州希蘭特 Tschimeid
撒兒只罕堡	喀思云州馬司耳 Masre 境
帖克帖庫山	阿拉俾司登州西北巴黑的利山 Bach Tuari
忒耳迷	俄國布哈尔州帕他希沙 Patta Hissar
撒里黑庫尔	阿富汗塔什庫尔干 Tasch-kurgan
阿思忒兒	伊蘭阿思忒阿拔特州 Asterabad 首府

巴勒罕灣	俄國外加司賓州巴耳罕灣Balchan Busen
渴石	俄國布哈尔州渴他勃Kitab
涉不兒干	阿富汗涉不兒干Schubirchan
塞卜色瓦兒	阿富汗塞卜色瓦兒Sabsawar
薩伯自窪城	呼拉商州薩伯自窪城Sebsewar
訥薩城	呼拉商州柯商Kutschan
麻賁蘭那唱拉	俄國霍罕州撒馬尔干州布哈尔州等
克布牙	伊蘭伊思法杭州柯哈貝伊Kuhpaieh
哈押立	俄國賽来尔金司克州柯帕耳城Kopal
八剌沙袞	俄國錫尔河州雷司他姆信克城Ryostamblek

原名	今地	西文
别納客忒	俄國霍罕州皮虛阿雷克城	Bisch-Aryk
匝兒訥黑	俄國錫尔河州希力克城	Tschilik
奥斯墾	俄國錫尔河州虛雷克	Dschulek
遏失那司城	俄國錫尔河州阿克蘇阿脱	Ak-suat
哈喇庫倫	蒙古三音諾顔部額魯特前旂西	
訥兒城	俄國布哈尔州奴尔阿他城	Nur-Ata
額兒迭罕堡	伊蘭馬三德蘭州代馬文	Demawend
咱淮城	阿富汗沙雷坡耳	Sary-pul
者温	呼拉商州朱明城	Djumin
富樓沙	印度聯合州法羅克阿拔特	Farrukhabad

義蘭	伊拉克國 Irag
曼乞失剌克	俄國外加司賓州密歇尔羅夫司克 Michailowsk
滅里蒲兒	印度聯合州曼尼波耳 Manipur
鐵門關	俄國布哈尔州雅克喀巴城 Jakkabach
札只蘭	呼拉商州希那倫城 Tschinaran
巴格剌思山	叙利亞培倫 Bailan 東阿馬納思山 Amanus mts
八米俺	阿富汗八米俺 Bamian
酟尔彎	阿富汗酟尔彎城 Parwan
起兒漫	伊蘭起兒漫州 Kirman 首府
木而灘	印度彭傑勃州木而灘城 Multan

躒拉火耳　印度彭傑勃州拉火耳城 Lahore

克瓦昔兒　起兒漫州克瓦許 Kwasch

壁薩烏尔　印度西北福隆梯尔州 N.W. Frontier 酡沙華城 Peshawar

壁遏城　印度彭傑勃州孔提安南 Kundian

費耳沙波兒　印度彭傑勃州菲羅士波兒 Firozpur

枯姆城　伊拉克阿只迷州枯姆城 Kum

阿特耳佩占　伊蘭阿色培琴州 Aserbeidjan

台白利司　阿色培琴州台白利司城 Tabris

土並城　台白利司西北

梅拉喀路　阿色培琴州梅拉喀城 Maraga

愛而達必耳　阿色培琴州愛而達必耳 Ardabil

剌夷城　伊蘭德黑蘭 Teheran 都城東

申河

即印度河二源一曰獅泉河出西藏噶大克城東南之岡
底斯山東北流折而西至札錫岡東南一曰噶爾塘河出
山西西北流經城西又西北相合合而西北經碟穆綽克
東又西北經印度克什米尔州 Kashmir 根馬耳 Kangmer
東又西北經雷城 Leh 南又西北經閑泰靴 Khaitapcho
西又西北經倫達 Rimala 北又西北折而南經蒲亞夷
Bunji 西又南折而西經希拉思 Chilas 北又西北折
而西南經柯希斯单 Kohistan 北又西南經彭傑勃州
亞拖克 Attock 西又西南經卡拉拔 Kalabagh 西又
西南經拔卡 Bhakkar 西又南經里亞 Leiah 西嘉納
Khan 東又南經密登高脫 Mithankot 東又西南經
孟買州 Bombay 羅里 Rohri 北又西南經諾沙羅 Naus
hahro 西又東南經賽汶 Sehwan 東哈拉 Hala 西又
南經海特拉拔特 Haiderabad 西又西南經塔他
Tatta 東又南折而西南至瓜拉拔里 Ghorabari 西南
入印度洋

子母河 源出阿富汗喀布尔 Kabul 城西北東南流入喀布尔河

阿梅河 即阿母河見漢通西域嬀水

質渾河 即阿母河

捌蘭河 源出俄國外加司賓州效而司 Gjanze 東南流經推森 Jedschen 東又東南經雪拉黑思 Serachs 東又東南至保利却拖姆 Pulichatum 入海主羅特河 Heri-rud

倭而米雅湖 伊蘭阿色培琴州倭而米雅湖 Urmia See

辛目連河 即申河

哀甫拉特河 即 Euphrat 二源一曰喀拉蘇 Kara-su 出土耳其阿尔曼尼亞州愛而西楞西北西南流經愛而請占南又西南經卡馬 Kamach 南又西南折而東南經愛琴 Egin 東又東南會謨拉特河 Murad 一曰謨拉特出阿尔曼尼亞州柯列特 Khorid 西北流折而西南經都他黑 Dutach 北又西南經美

拉司格而特 Melasgird 北又西南經謨虛 Musch 北又西經帕羅 Palu 南又西至開彭麻亭 Keban Mardin 東北而合合而西南而東南經馬拉梯亞 Malatya 東又東南折而西南經色佛來克 Severek 西又西南折而東南經皮而逸克 Birejik 西又南經敘里亞孟皮 Membidj 東又南折而東經耳勒茄 Ragga 南又東南經梅耶亭 Meyadin 東又東南折而東經伊拉克亞那 Ana 北又東南經喇麻提 Ramadi 東又東南經希拉 Hilla 西又東南分二股而合又東南經那雪利耶 Nasiriya 南又東北入體格力斯河 Tigris

體格力斯河

源出土耳其柯爾迪司登州喀普脫 Kharput 南郭爾極克湖 Lake Goljik 南之柯爾迪司登山東流折而南經地亞培克 Diarbekir 東又東折而東南經伊拉克木蘇耳 Mosul 東又東南經泰克立脫 Tekrit 東撒馬拉 Samarra 西又東南折而西南經報達 Baghdad 西又東南經亞夕齊 Azizie 南標極拉 Bingila 北又東南經伊們亞里茄皮 Imam-ali-garbi 北又東南經亞馬拉

Amara南又東南至柯耳那Korna西會哀甫拉特河稱歐脫耳阿拉伯河Shatt-el-arab東南經

巴斯拉Basra東又東南經柯脫孟蘇耳Kutmamur陶拉Dora東又東南至法奧Fao東入波斯灣

Persian Gulf

也云赤 源出俄國賽米爾金司克州伏艾耳尼城Wjernyi南西流入吹河Chu

謙河 即烏魯克穆河見突厥興滅劍水

也石的石河 即畢底爾河源出俄國賽米爾金司克州南東南流分二支繞新疆烏什縣南北又東經阿克蘇縣西南又東南經阿瓦提縣東又東南入塔里木河

賁那克特河 起於俄國錫爾河州彼洛夫司克Perowsk西西流折而東南經拖耳拔Turkha東又西南經伊爾基培Irhibai北又西南經嘉格思培Kagas-bai北又西北入阿拉爾湖Aral

賽拉甫散河 即Serawshan源出俄國撒馬爾干州帕爾圖拉克Palchorak東西流經奔希肯脫Pendschikent

南又西北經撒馬尔干州首府南又西北經布哈尔州齊愛亭Sizeddin北又西至奇許圖文Gisch-duwan而涸

窣利河

即賽拉甫散河

塔剌思

即Talass見匈奴和戰都賴水

忒耳迷思河

即俄國布哈尔Buchara開立夫Kelif境之阿母河

阿拉斯河

即Aras二源一曰萍果蘇Bingol-su一曰喀雷蘇Kaleh-su俱出土耳其阿尔曼尼亞州希根Schikan南東北流經柯發列可Koperikoi東南又東北經俄國喀尔司州Kars卡拉柯耳脫Karakurt南卡格司曼Kagyzman北又東經伊主文州Erivan南又東南折而東北經伊利沙伯州Elisabethpol南又東北至巴枯州Baku南卡拉格尼Kalagainy北入庫耳河Kur

也里河

即Heri-rud源出阿富汗喀布尔Kabul西興陀庫虛Hindu kush大山西流經奧培Obeh海拉脫

Herat 南又西北經古里安 Gurian 東柯森 Kussan 西又北經阿富汗伊蘭及俄國裏海州交界又北入沙漠

昔運河

即 Seihun 源出土耳其喀巴杜西州 Cappadocien 哈拉波那 Kara Punar 西南流經西里西亞州 Cilicien 哈金 Hadjin 東又西南經翻克 Tekke 東又西南經阿塔納 Adana 東又南折而西南至他蘇司 Tarsus 南入地中海

朶者勒水

即 Djala 二源一出伊蘭柯耳迪司登州辛那 Sinna 北南流折而西南一出凱萊司文 Keleswen 東西流折而西北相合合而西南而西北經諾扶台撒 Nahr Deschala 南又西北折而西南經伊拉克特里阿拔司 Deli-abbas 東又西南經拔庫拔 Bakuba 西又西南至報達 Baghdad 東南入體格力斯河

蒙古取東歐

宋理宗紹定六年太宗命拔都速不台統軍西征拜答兒貴由潤列堅蒙哥等皆屬焉會師於布而嘎爾邊地嘉熙元年燔其都城北掠不兒塔思莫兒端諸部進攻斡羅思臨勒治贊可羅木納及物拉的迷兒諸城乃分二軍一向哥羅德志

一向羅思脫洼及牙羅思老勒皆下之拔都北向多魯賽古
臨其城遠至塞尼克尔湖迫諾弗郭羅特城忽令回軍征薛
兒客速及馬里木二部拔莪怯思城貴由蒙哥東歸二年拔
都征斡羅思南部遣一軍臨培列斯烏兒一軍臨扯耳尼哥
旋向乞瓦勸降不從晝夜急攻克之四年殘伽里赤侵波蘭
躝抑勃林破桑朵米兒迫其國都克剌可洼尋歸伽里赤淳
祐元年克剌可洼長官巴雷路斯率物拉的迷兒兵襲之追
至撒洛赤克敗還蒙古回軍再擊波蘭分二軍一向桑朵米
兒一向古雅依及列乞沙克剌可洼兩將傑之遇於夕特羅
物附近大敗而還國王浦列雷斯逃入莫剌維亞寺院人民
隱於馬加及德意志蒙古軍入燒克剌可窪城由拉低貝尔
渡斡岱兒河圍伯勒斯洛城進迫里格尼志細勒西亞公亨
利集波蘭德意志兵分五隊以禦之戰於瓦而司達忒敗死
蒙古軍入燒其市退屯奈思河附近復躝拉低貝尔自孛烈
昔思可入莫剌維亞臨孛海迷奧大利邊境孛海迷王溫赤
思老擢斯典培兒守倭耳默次卜林二城大敗蒙古兵蒙古
統將別塔死馬解圍去拔都合丹速不台等分道侵馬加馬
加王貝拉渡多惱河至布達派斯特議防守蒙古諸軍會城
下貝拉率援兵出陣賽育河西守橋軍潰蒙古軍乘之大敗
馬加軍貝拉遁入禿羅志州派斯特遂臨合丹一軍自特蘭

西勒宛亞進攻魯丹及瓦剌丁屠之別軍破帛兒格城拔都渡多惱尼河攻格蘭克其外城聞太宗崩班師退軍阿里適高喀斯之欽察叛復征之至三年乃歸貝拉自禿羅志州逃之入普勒思不兒為奧大利公菲烈德里所逼走克羅阿惕之阿格拉姆入耳拉孤薩城合丹經思剌翁尼牙追至特勞恩貝拉遁入對岸海島合丹攻耳拉孤薩不下遂掠荅勒馬惕高地諸城經塞而維亞向里烏馬亞與拔都軍合

乞卜察兀惕　俄國埃司脫拉亨 Astrachan 薩拉拖夫 Saratof　撒馬拉 Samara

克里米亞　俄國克里米亞 Krimea 半島

阿速惕　俄國阿速夫海 Asow 北境

薛兒客速惕　俄國羅司發夫 Rostof 州城東境

乞瓦綿　俄國莫司科 Moskow 首都

客兒綿　克里米亞半島星弗洛波耳城 Simferopol

阿而俺部　俄國巴枯州 Baku 庫耳河 Kur 流域開達拔克

開達巴古　俄國伊利沙伯州 Elisabethpol Kedabek

帖萊克　俄國帖萊克州 Terek-gebiet

瞻喀兒　俄國伊利沙伯州瞻喀兒 Schamchor

撒耳柯思　俄國柯彭 Kuban Gebiet 斯韜羅波耳 Stawropol 州境

欽察　俄國南部西起多惱河東至烏拉尔河

喀而斯城　俄國喀而斯州 Kars 首府

不里阿耳　俄國喀森州 Kasan 布而嘎雷 Bolgary

斡羅思　俄國莫司科 Moskau 斯麻倫司克 Smolensk 摩希里夫 Mohilew 物拉的迷耳 Wladimir 州境

巴耳打阿　喀而斯州阿耳達罕城 Ardahan

打耳班　俄國達布司登州Daghestan德尔盆城Derbent

忒剌思　希臘色雷斯州Seres

馬薛丹　希臘馬基頓州Macedonia

多魯賽古　俄國梯佛州Twer脫魯司古Troizhoje

脫文　俄國俺立文州Eriwan首府

特威兒　俄國梯佛州

梯弗利思　俄國梯弗利思Tiflis首府

太利嶺　俄國高加索山Kaukasus

納黑出汪　俄國俺立文州納黑出汪Nachitschewan

哈兒司　俄國嘉兒司州Kars首府

阿尼	俄國庫推司州Kutais 阿尼Oni
伊美烈橫山	俄國庫推司州一帶
馬里木	俄國帖萊克州東境
比脫木	德國細勒西亞州Schlesien 僕登Beuthen
莫干	俄國巴枯州庫耳河南莫干草原Mugan Steppe
角而只國	梯弗利思州角而只耳Georgier 一帶
阿斯塔拉干	俄國阿斯塔拉干Astrachan州首府
甘札城	俄國巴枯州甘札城Göktschai
失兒灣部	俄國巴枯州
撒哈辛	阿斯塔拉干州撒美夫Zarew 西今沉浮而嘎河中

沙馬乞城　俄國巴枯州軒馬沙城 Schemacha

康思但丁諾白爾城　土耳其塔拉西州 Thracien 康思但丁諾白尔

阿兒雜克　甘札城東北 Lemsten Tanupel

毛而杜因　俄國奔薩州東北 Pensa 及薩拉拖夫州 Saratow

薩克孫　俄國喀森州 Kasan

勒治贊　俄國勒治孫 Rjasan 州首府

可羅木訥　俄國莫司科州可羅木訥城 Kolumna

物拉的迷爾　俄國物拉的迷尔州 Wladimir

勃鑾斯科城　俄國勒治孫州發龍司克 Pronsk

諾弗郭羅特　俄國諾弗郭羅特州 Nowgorod 首府

撒勒司拉弗哀	俄國物拉的迷尔州撒勒司拉維城 Peresslawi
蘇斯達耳城	俄國物拉的迷尔州蘇斯達耳城 Susdal
攸利捬甫	俄國柯司脱羅馬 Kostroma 州攸利捬甫城 Jurjewez
司抹連斯克	俄國斯模倫司克州 Smolensk
尼只奈那窩果羅	俄國尼許郭羅特州 Nischegorod
哥羅德志	物拉的迷尔州哥羅固維志 Gorochowez
羅思脱洼	俄國耶羅司洛州 Jaroslaw 羅思脱洼城 Rostow
乎羅思老勒	俄國耶羅司洛州乎羅思拉維城 Jaroslawi
迦辛	俄國梯俳州迦辛城 Kaschin
撒洛赤克城	波蘭魯特州 Lodz 撒奧脱克 Piotrkow

波思納尼亞　波蘭波思倫州 Poznan 首府

夕特羅物城　波蘭基尔思州 Kielce 夕特柯物 Czestochowa

司巴拉土城　南斯拉夫潑列麻而司卡州 Primorska 司巴拉土 Spalato

倭特馬赫城　德國細勒西亞州許伐特尼茲 Schweidnitz

伽勒赤　捷克伽立辛州 Galicien 一帶

的米特魯　俄國耶羅司洛州的米特里治夫 Dmitrijewsk

浮洛格　俄國浮洛格州 Wologda 首府

郭洛的赤　俄國耶羅司洛州郭洛特卡 Golodjaika 城

廓在爾斯科　俄國柯而司克州 Kursk 首府

烏拉嶺　俄國浮洛格州潑而姆 Perm 州烏發 Ufa 州東境

迦里失　波蘭魯特州迦里失城Kalisz

計掖甫　俄國計掖甫州Kijew首府

普洛資克　波蘭華沙州Warsaw潑洛克Plock

扯耳尼哥城　俄國扯耳尼哥州Tschernigow首府

嘎魯和城　俄國嘎而柯夫州Charkow首府

伽里赤國　東界帖尼博耳河西界波蘭北至立陶宛Lithuania及卜魯
南極喀而巴特山口Carpathian mts
特西莱忒二河口

伯勒斯洛城　德國細勒西亞州伯勒斯洛城Breslau

斡彭　德國細勒西亞州斡彭Oppeln

帛兒格　奧大利帛兒格城Berg

克剌可洼
拉低貝尔城
桑德志城
格蘭
派斯特城
薛赤思卓洼
柳勃林城
卜林
桑朶米兒城
里格尼志

波蘭克剌可州 Krakau 首府
德國細勒西亞州拉低貝尔城 Ratibor
克剌可州桑德克 Sandec
匈牙利格蘭州 Gran 首府
匈牙利派斯特 Pest 都城
波蘭勒伏夫州 Lwow 赤思卓夫 Rzeszow
波蘭柳勃林州 Lublin 首府
捷克莫剌維亞州 Moravia Brünn
波蘭基尔思州桑朶米兒城 Sandomierz
德國細勒西亞州里格尼志 Liegnitz

不威迷亞國	捷克僕哈門州 Böhmen
瓦剌丁	匈牙利皮哈耳州 Bihar 大瓦丁 Grosswardein
倭耳默次城	捷克莫剌維亞州倭耳默次城 Olmütz
喀而巴特山	波蘭南境捷克北境之喀而巴特山 Charpathien Mts
剌卜城	匈牙利剌卜州 Raab 首府
思帕剌特羅	南斯拉夫潑列麻而司卡州史伯列脫 Split
克里撒堡	潑列麻而司卡州克里撒 Clissa
不里阿耳	俄國喀森 Kasan 耶迦 Wjatka 烏發 Ufa 潑尔姆 Perm 諸州
威蠢城	匈牙利威蠢城 Waitzen
速荅黑	克里米亞半島之速荅克 Sudak

特蘭西勒苑尼亞
馬拉答
普勒思不兒
禿羅志州
韋敦貝而克城
阿格拉姆城
孛烈昔司可
布達
瓦而司達忒
特勞恩城

匈牙利羅馬尼亞交界之特蘭西勒苑尼山 Transylvanie
羅馬尼亞馬而陶 Moldau
捷克斯洛伐克州 Slovakia 勒拉的司拉伐 Bratislava
捷克禿羅志州 Turocz
匈牙利韋敦貝而克州 Odenburg 首府
南斯拉夫薩扶司喀 Sawska 州柴格雷勃城 Zagreb
波蘭細勒西亞州皮耳司可 Bielsko
匈牙利布達 Buda 都城
德國細勒西亞州瓦而司達忒 Wahlstadt
南斯拉夫潑列麻而司喀州特勞 Trau

士度耳外生貝而克城
耳拉孤薩城
喀洛城
麻訂耳司貝而克城
維尼斯國
柯倫貝而克
荅勒馬惕
速阿吉岳
紐思塔忒
克羅阿惕

匈牙利士度耳外生貝而克城Stuhlweissenburg 首府
南斯拉夫特林斯喀Drinska州耳拉孤薩脫 耳Rogor-Sattle
南斯拉夫柴茲喀州Zetska開尼喀城Cajnica
羅馬尼亞特蘭西耳宛尼州Transsylvania 麻訂司堡Martinsburg
意大利維尼西Venezien州
奧國下奧司太利亞州柯倫貝而克Kornenburg
南斯拉夫潑列麻而司卡州
南斯拉夫特林斯喀Drinska州撒拉吉岳 Sarajevo
奧國維廉紐思塔忒城Wr. Neustadt
南斯拉夫薩扶司喀州Savska

庫耳河

即Kur源出俄國帖弗利司州阿哈耳夕虛Achalzich西東北流折而東經帖弗利司州首府東北又東南經伊利沙伯州Elisabethpol首府北又東折而東南經巴枯州薩耳徒勃Sardob南又東經喀拉格尼Kalag-ing北又東折而東南經薩而耶尼Saljany西又東南折而東經希雷北Chechly又東入裏海

浮而嘎河

即Wolga源出俄國諾夫郭羅特州Nowgorod華而兑Waldai南東南流經希夫Rshew南折而東北經梯佛Twer南又東南折而東北經喀而治新Kaljasin烏格里虛Uglitsch西又北經麻洛茄Mologa南又東南經雷平司克Rybinsk東又東南經耶羅司洛Jaroslaw東又東北經柯司脱羅馬Kostroma西南又東南經金虛馬Kineschma北又東經猶尔治夫波浮耳司基Jurjewez Powolski東又東南經尼虛尼諾夫郭羅特Nishnij-Nowgorod東北又東經喀森Kasan西又南經新勃而司克Simbirsk東又東南經聖其勒治Sengilei東又東南經斯他蕪羅波耳Stawropol西南又東折而南經撒馬拉Samara西又西經舍司倫Syzran東又西南經伐倫司克Chwalynsk伐耳司克Wolsk東又西南經撒拉拖夫Saratow東又西南

經喀美興Kamyschin東又西南經柴立村Zarizyn東又東南東折而東南經卻而內耶Tschernyi Jar東又東南經也諾他治夫司克Jenotajewsk東又東南至亞司脫拉亨Astrachan西入裏海

錫第河

即Suda源出俄國諾夫郭羅特州Nowgorod柯耳代而司克城Korwalsk東北東南流經脫羅司坎Troizki東又東南經司拉丁司克Slatinsk東又東南經發雷奧勃拉欣司克Preobraschensk東又東南經薩奧色葉Sserje北又東南至卻而波維仔Tscherepowez西入歇克司那河Schekssna

端河

即Don源出俄國多拉州Tula陳司克Wjensk東北北流折而東經多拉Tula南又東南經鄧柯夫Dankow東又南經山姆耳那司克Semljansk東又南經浮洛尼盧Woronesh西又南經奧司脫羅郭盧司克Ostrogoshsk東北又東南經蒲姑鏄Bugutschar東又東南折而東經治倫司克Jelansk南又東經克來門司克Kremensk北又東南折而西南經希而司克Tschirsk東又西南經山姆耳那司克Semljansk南又西南經羅司拖夫Rostow南阿速夫Asow北又西入太根羅灣Taganrog

色克河

即Tisza源出羅馬尼亞馬拉謨尔州Maramuresh鮑尔薩Borsa東西流折而西北經捷克凡而僕柯夫Vel Bochcov南又西北經契司脫Chuet南又西折而西北經敲潑Csap南又西南經匈牙利都卡Tokaj東又西折而南經波尔茄Polgar西又西南折而南而西經沙而諾克Szolnok東又南經純脫思Szentes西又南經賽格特Szeged東又南經南斯拉夫肯及柴Kanjiza東又南經聖倍思St. Becej東又南折而東南入多惱河Donau

賽育河

即Sajó源出捷克斯洛伐克州Slovakia杜白孝Dobschau西南東南流經羅司腦Rozsnau西又西南經朋來佛Bannreve西折而東又東南經匈牙利密司柯而司Mischolcz東又東南入依薩河Tisza

喝拉忒河

即Hernad源出捷克史必司卡Spisska西北東南流經霍尔那特Hornad南又東南折而南經柯西思Kosice東又南折而西南經匈牙利福羅Forro東又西南入賽育河

杜惱河

即Donau源出德國維尔登堡Württemberg大公國之脫黎堡Triberg南東南流折而東北經拖脫耳Tuttlge

北又東北經烏耳姆(Ulm)南又東北經音果爾斯他特
脫(Ingolstadt)南又東北經雷根司堡(Regensburg)北又
東南經斯脫勞平(Straubing)北又東南經旦根杜耳
夫(Deggendorf)西南又東南經柏森(Passau)北又東南
經奧國林士(Linz)北又東經格來因(Grein)南美而
克(Melk)北又東北折而東經克雷姆司(Krems)南又
東經拖耳(Tulln)北又東南經韋恩(Wein)東又東南折
而東經捷克發雷司堡(Pressburg)南又東南折而東經
匈牙利柯謨(Komorn)北又東經格蘭(Gran)北又東折而
南經威蠡(Waitzen)西又南經布達佩司脫(Buda-Pest)
之間又南經耳拉士開夫(Raczkeve)西又南經沙耳
脫(Solt)西南喀魯沙(Kalocsa)西拔耶(Baja)西又西南折
而東南經南斯拉夫信士騰(Begdan)西又南經阿巴
丁(Apatin)西又南折而東經紐若茲(Neusatz)南又東
南經佩而格拉特(Belgrad)北又東南經塞門特里亞
(Semendria)北又東北折而東南經密拉諾伐(Mila-
novac)北又東北經羅馬尼亞烏耳沙伐(Orsova)南又
東南經拖耳奴塞佛林(Turnu-Severin)西又東南折
而西而東南經南斯拉夫勃耳柴派倫卡(Brza-Palanka)
東又東南折而西南經保加里亞國維丁(Vidin)東南

又西南折而東經羅姆派倫卡Lom-palanka北又東經耳拉霍華Rahowo北又東經尼郭波耳斯維司脫夫Nikopol-Swistov北又東北經耳羅蘇克Russcuk西又東北經羅馬尼亞拖耳拖卡Turtucaia雪之司脫拉Silistria北又東北經耳拉沙代Rassova西又東北經塞而那華達Cernavoda西又北經哈而沙代Harsova西又西北折而東而北經奧司脫洛夫Ostrov西又北折而西經勃雷拉Braila東又北折而東經加拉士Galatz南又東經雷尼Reni南又東南折而北經伊司美耳Ismail南又東南折而東北經基力耶Kilija南又東南經維而喀華Vilkavo又東南分數股入黑海

帖尼博耳河

即Dnieper源出俄國斯模倫司克州Smolensk舍而希夫卡Sytschewka西南南流折而西經斯模倫司克州首府南又西經奧而沙Orsha東又南經模希利夫Mohilew東又南經羅格希夫Rogatschew東又東南經治希柴Rjetschiza東又東南經基也夫Kijew東又東南經喀尼夫Kanew東吉嘉塞Tscherkassy東北又東南經克來門盧Krementsch-ug西南又東南經治卡脫林諾斯拉夫Jekaterinoslaw

北又南經亞力山大羅夫司克Alexandrowska西又南折而西經尼柯波耳Nikopol南又西南維培力斯拉夫Berislaw南又西經謙而孫Cherson南又西入黑海

維斯拉河

即Wisla二源一出捷克摩拉維亞州Morawia耶勃倫敦城Jablunkau東西北流折而東北一出波蘭克拉柯州Krakow含維司Pyrzec西南北流經奧司維華Oswiecim西又北相合合而東北經克拉柯州首府南又東北經史蘇辛Szczucin北又東北經卜拉諾Boranow北又北經他諾勃耳思Tarnobrzeg西又東北經森徒米耳Sandomierz東又北經沙萊克Solec東又東北折而西北經柯辛尼思Kozienice東又西北經華沙Warsaw東又西北折而西而西北經洛克拉維克Wloclawek東又西北經拖龍Torun南又西北經信特格思Bydgoszcz東又東北經克羅齊司Grudziadz西又北經德國馬林韋潭Marienwerder西又北折西西北至但澤Danzig自由市東入波羅的海Baltic Sea

抹羅伽河

即Mologa二源一曰梅雷沙Meletscha一曰麻果沙Mogotscha俱出俄國梯佛州Twer凱思馬Kesma

西南西南流至亦司柯Jesko而合又西南經馬克塞的却Mahaatucha北而合又西北折而東北經巴利沙格Borisaguba東又北經諾弗郭羅特Novgorod州也耳克諾Jelhmo西又東北經烏思拖許那Ustjushna南又東北經里昂梯伏Leontjewo南又東南經格雷思力維志Greslive西梯佛州韋思亦貢司克Wesjegonsk東又東南經耶羅司洛州Jaroslaw勃雷拖伏Breitowo東又東南至抹羅伽城入浮而嘎河Wolga

昔廸河

即Sit河源出俄國耶羅司洛州史泰許基S'tjaschkij西南流折而東經羅地諾伏Rodionowo南又東折而北至勃雷拖伏Breitowo東入抹羅伽河

卜魯特河

即Pruet源出波蘭斯丹尼斯拉夫州Stanislawow柴皮Galicie南北流折而東而東南而東北經柯的Kuty東又東北折而東南經羅馬尼亞布柯維那州Bucowina塞耳諾的Cernauti東又東南折而東經比薩拉比亞州Bessarabia力伽尼Lipcani南又東南經摩而道伐州Moldavia耶塞Jassi東又東南折而南經比薩拉比亞州勞伐Leova西又南折而東南至摩而道伐州哈萊的Galati東入杜惱河

西莱忒河

即Siret源出羅馬尼亞布柯維那州舍波脫潑列凡脫Szypeut-jaruat北流折而東經白霍曼脫Berhomet又南又東北折而東南經斯脫羅瑞尼Storojinet西東南經羅曼Roman東又西南經奧尼司哈尼Oniscani東又東南經拔柯Bacau東又西南折而東南經阿朱特Adjud東又東南經福薩尼Focsani東又東南折而東至哈莱的西南入杜惱河

斡岱兒河

即Oder源出捷克斯拉夫梅耳Mähr西北大維司脫尼茲Gr. Wisternitz山東北流折而東南經亦辛Jičin西北又東北經奧司脫拉伐Ostrava西又東北折而西北經德國細勒西亞州Silesia拉的波耳Ratibor東又西北經奧伯耳Oppeln西勃黎格Brieg東又西北貫伯勒斯洛Breslau又西北折而西經特黑耳福爾脫Dyhernfurt南又西經里格尼志Liegnitz東又北折而西北經格羅郭Glogau北又西北折西北經格林堡Grünberg東北又西北折而西經勃倫登貝而克州Brandenburg哥朋Guben北又西北經法蘭克夫耳脫Frankfurt東又東北分二股繞寬思脫林Küstrin而今又西北經易北華爾特Eberswalde

東又北折而東北經史韋特Schwedt東又東北經波曼耳州Pommern格勒伊芬哈根Greifenhagen西又東北至史冯丁Stettin東入波羅的海灣

奈思河

即Neisse源出德國細勒西亞州密脫耳華尔特Mittelwalde南之潑拉達特Pradeck山西流折而北經哈勒耳史韋而特Habelschwerdt葛雷士Glatz東又北折而東經華而他Warthe南又東南經巴許皷Patschkau北又東經奈斯Neisse南又東北折而北經格魯脫皷Grottkau東又北經密歇勞Michelau南又東折而東北經希耳格司脫Schurgast西又北入斡岱兒河

斡迦河

即Oka源出俄國奧勒耳Orel州馬羅埃欽格耳司克Malo Archangelsk西西北流經克羅美Kromy東又東北經奧勒耳西又東北折而北經拖拉州Tula皮里夫Bjelew東又北折而東經卡羅迦州Kaluga首府南又東南折而東北而東經莫斯科州Moskwa塞波周Serpuchow南又東折而東北經柯羅姆那Kolomna南又東折而東南經勒治孫州Rjasan首府北又東南折而北而東南經嘉雪謨夫Kassimow南又東南折

哈馬河

而西北而東北經物拉的迷耳州Wladimir謨羅姆Murom東又東北折而北而東而東北至尼許郭羅特州Nishegorod尼許尼諾弗郭羅特Nishni Nowgorod北入浮而嘎河

即喀馬河Kama源出俄國耶得嘉州Wjatka柯雷琴司克Kudgimsk西北流折而西北經郭耳秋諾Gordino塞拉內伏Tscheranewo喬其司克Georgiewsk西又西北經伏伏洛司尼茲Wolostnizk東又東北經潑而姆州Perm烏思脫希柯耳耶Ust Tschikurja東又東折而東南而東北經蓬特吉格司克Bondjuga南又東南經沙力嘉姆司克Salikamsk西又西南折而南經史魯特司克Sludsk東又東南折而西南經潑而姆州首府北又西南折而南經奧欽司克Ochansk東又南折而西經奧薩Ossa北又西南折而東南經耶得嘉州薩拉波耳Sarapul東又東南折而西南經野拉甫迦Jelabuga南又西南經喀森州Kasan希司拖波耳Tschistopol北又西折而南而西至野奔希尼那Jepantschina南入浮而嘎河

札乎黑河

即烏拉爾河Ural源出俄國奧倫堡州Orenburg登格他羅伐Tungatarowa西北之烏拉爾山南流經韋

而許納烏拉尔司克 Werchne Uralsk 西又南折而西南經奧耳司克 Orsk 東南又西南折而西北經奧倫堡州首府南又西南經烏拉尔司克州伊耳士坎郭洛圖克 Iletzkii Gorodok 北又西南經烏拉尔司克州首府東又南折而東南經墨根司克 Mergenewsk 東又東南經薩迦納耶 Sacharnaya 東又東南折而南經嘉耳美科夫司克 Kalmykowsk 東又南經奧羅扶司克 Orlowsk 土波林司克 Topolinsk 東又南折而東南至古尔治夫 Gurjew 東入裏海

迦勒迦河

即 Kargalka 源出俄國野迦脫林諾斯拉夫 Jekaterin-oslaw 州檀勃耳柴伏 Debalzewo 南西南流折而東南經端州 Don 卡尔瑞司克 Tscharyska 東又東南經尼柯拉夫司克 Nikolajewsk 東北又東南經烏思奔司克 Wosspensk 東又東南經撲克羅夫司克 Pokrowsk 西又西南至他根羅格 Taganrog 西北入阿速夫海 Asowsches Meer

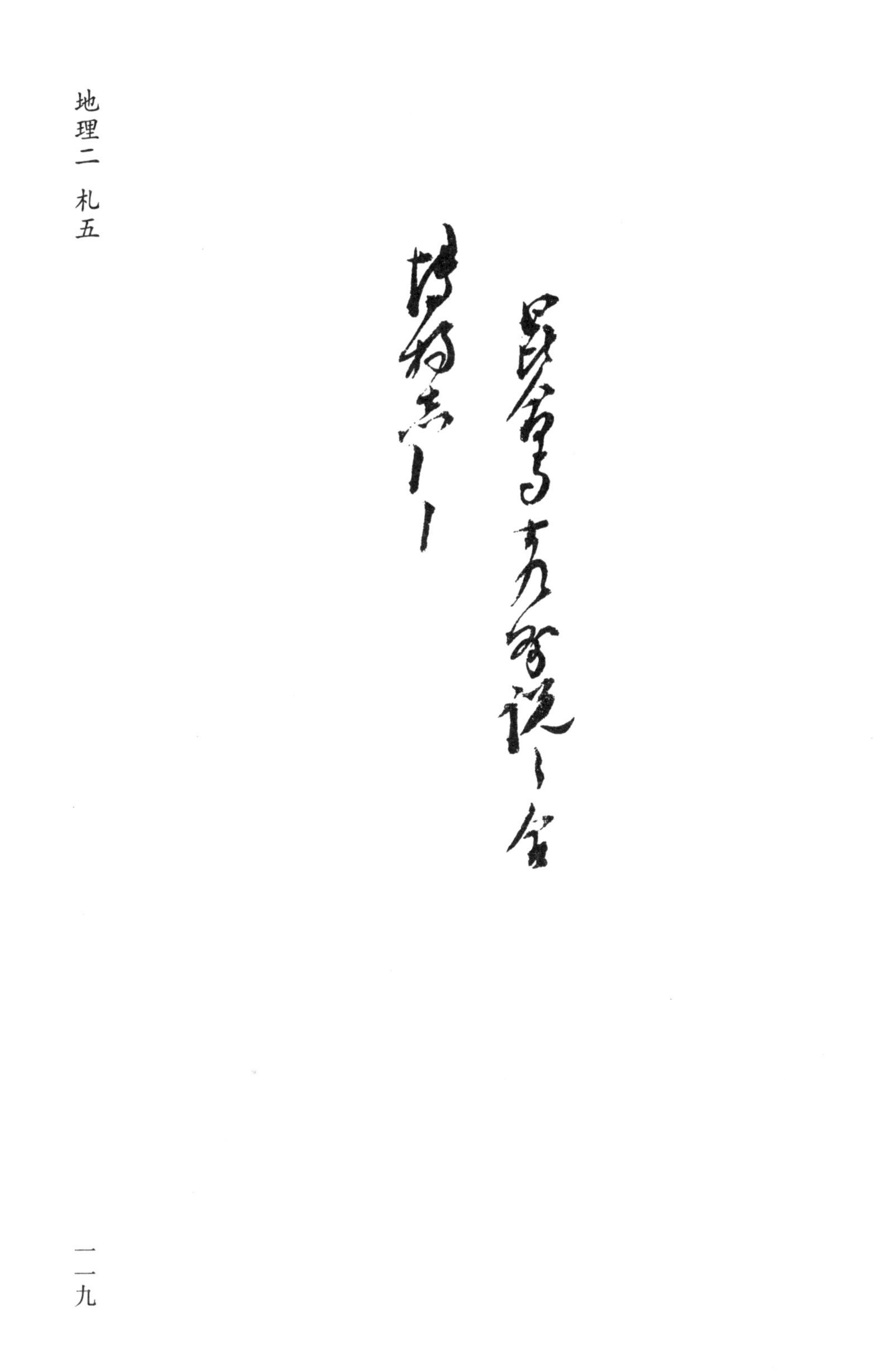

[illegible]

地理附東

異域古史種……曰……去其之迪部達其羅而來至其華

則恥不能為不得至之會也而以中國之所與我對國都住中國

叔子即东镜西

又東林拜日前卷者也镜林

此为一局

其间也镜件々局都乃由镜三镜

此特为此生……陕……东塘即镜見

西　　　　顺安

东　镜在落后

时　　　　方伺

地理志读下

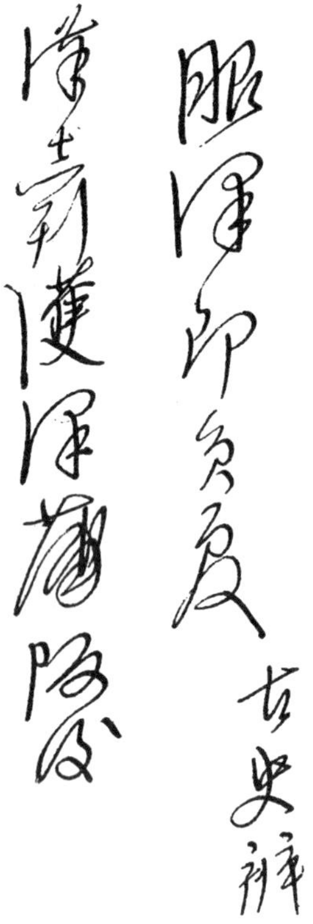

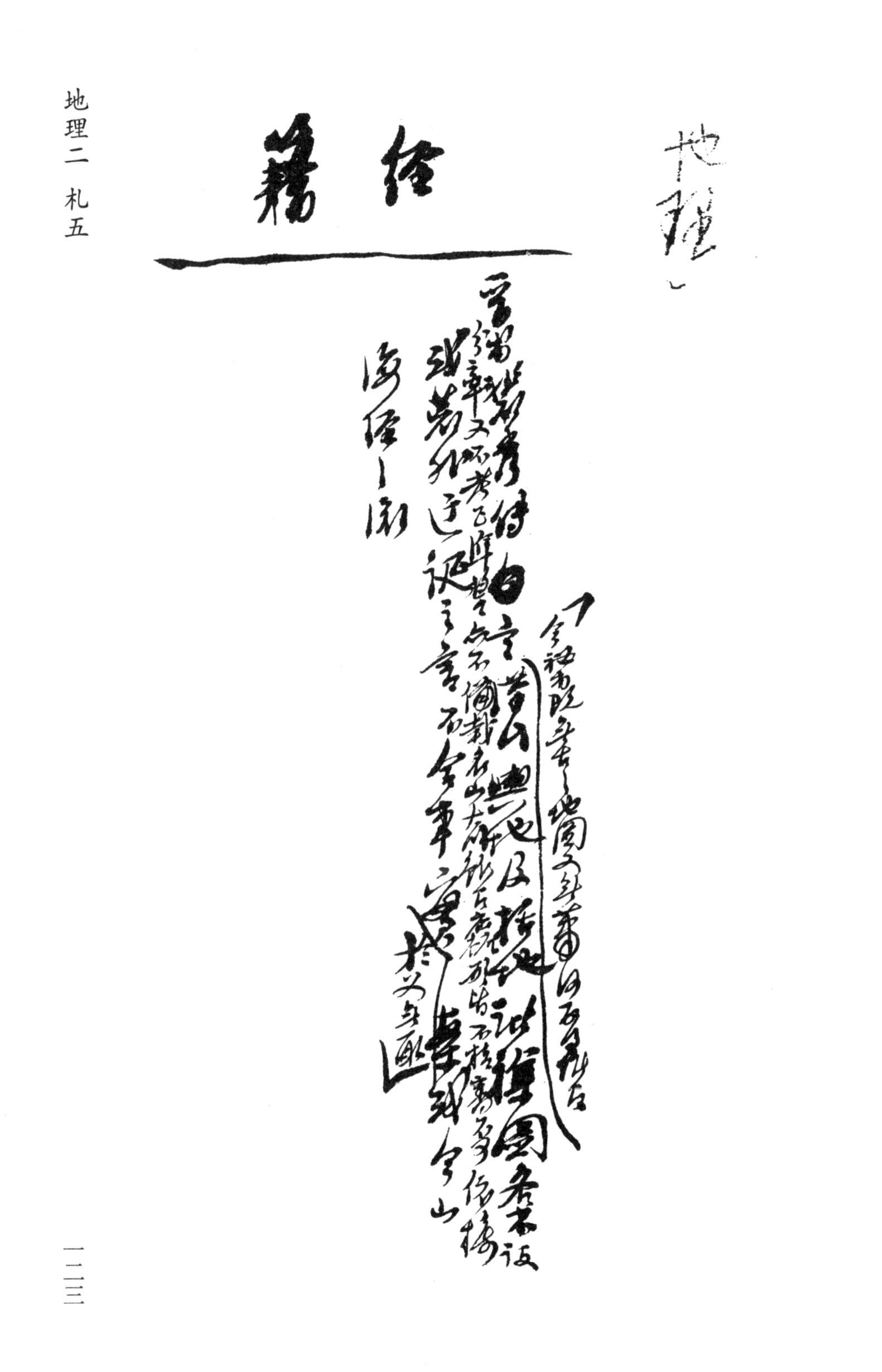

趙策蘇秦 臣竊以天下地圖案之

諸侯之地五倍於秦

燕策 誠能得樊將軍首與燕督亢之

地圖獻秦王

嘉（為先言於秦王曰——）謹斬樊

於期頭及獻燕督亢之地圖函封燕王

拜送于庭使使以聞大王唯大王命之

荊軻奉樊於期頭函而秦舞陽奉地圖

匣以次進

也
蘇頓

孫園 林扉一卷
蘇燈 經摹 細字蔡標寫 夕圃宋氏
字孫園

此注

凡舊藉書目

多係知同志

民國通十・二六

地理

四冊

晉篇

要書　五・三〇・一一・二

地理一

一　管子地員篇末段

此篇[illegible]

中國交和皇廟

中國大東北來詳謝問考訂某一乃人

隋代

呂思勉稿

[illegible]

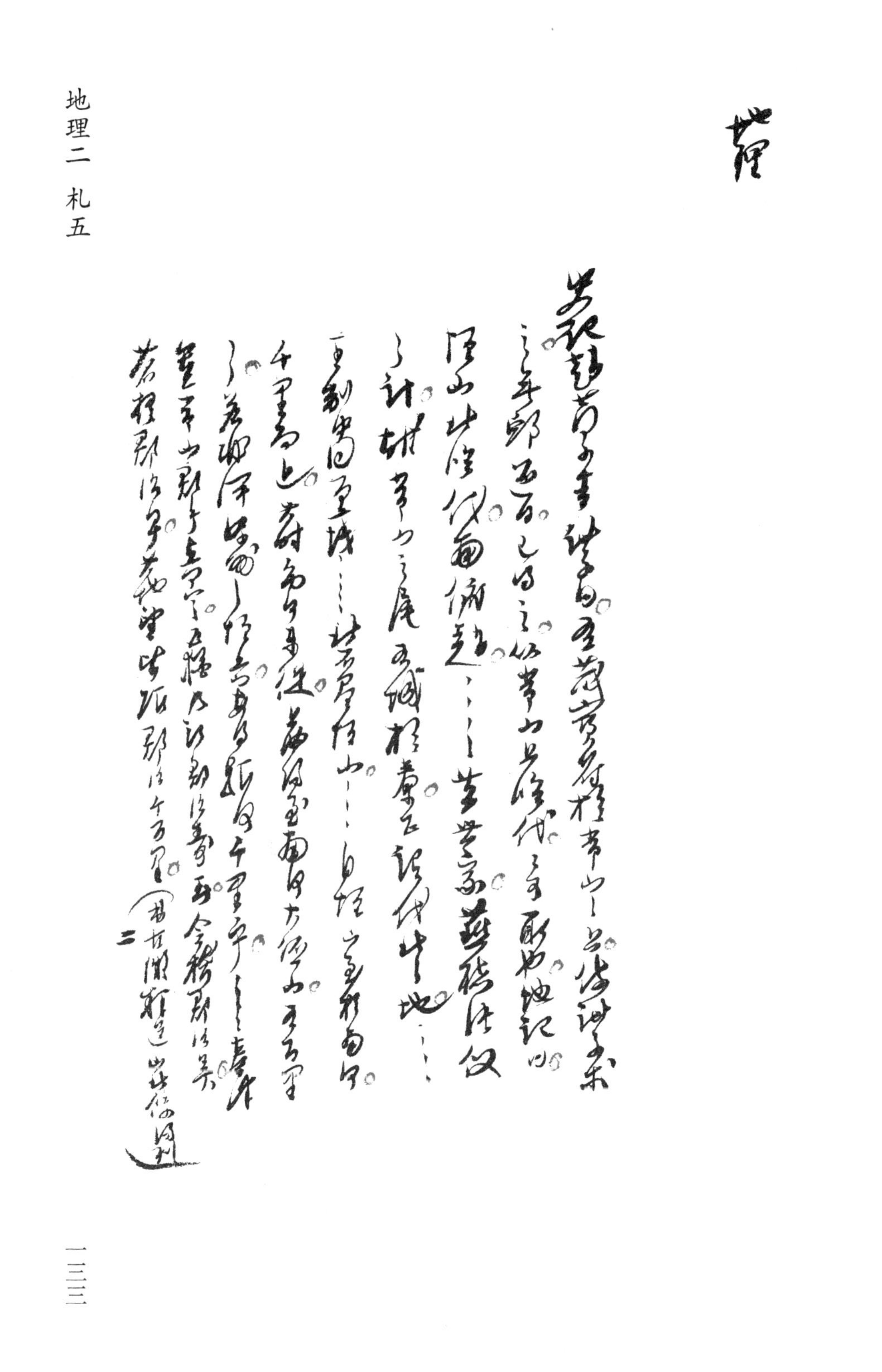

地理

地理

黃帝將見大隗乎具茨之山（莊子徐無鬼）[illegible]

密縣有大騩山　釋文引司馬彪云在滎陽密縣

密縣東二十里　[illegible]　東今名泰隗山

地理志河南郡密有大騩山潩水所出

山海經大騩之山　郭注今滎陽密縣有大騩山圍潩水所出

郭注之潩即潩字之誤　圍即山字之誤

水經洧水注大隗即具茨山也

衡山吾兄

樹宇頓首再拜 [illegible]

地理

都邑考 見[illegible]第十三

城

史記注引[illegible] 鄭注[illegible]第十二

地理

浙江等

浙江——水經 [illegible] 漢書 越絕書 吳越春秋

漸江——漢書 水經——皆作浙江

說文 浙——江水東至會稽山陰為浙江

漸——出丹陽黟南蠻中東入海

此今俗書之江浙 或為錯書之 段以今俗 據說文分之

浙 | 漸

[illegible]卷十二

地理

鄭語依𥉻歷莘，詩譜作依疇歷華。周語摯疇由太任國。淮南本經訓堯乃使羿誅鑿齒於疇華之野，與詩譜合。鄭語莘後河，詩譜亦作前華後河，正義引韋注：華，華國也。明溱洧也。注云即華陽亭，在黃崖東北。或華莘字近而誤之。元和郡縣志：故華城在新鄭縣東北三十五里。鄭華亦華字。

檢已移

稿三

者案三光考靈耀云四游升降於三萬里中下云日至之景尺有五寸謂之地中則是半三萬里而萬五千里與土圭等是千里差一寸算法亦然言此者欲見經日南日北之等皆去中表千里爲術景長景短皆差一寸耳知表皆高八尺而以晝漏半者以其通卦驗云冬日至樹八尺之表日中視其晷是以知用八尺表而以晝漏半度景也

日至之景尺有五寸謂之地中天地之所合也四時之所交也風雨之所會也陰陽之所和也然則百物阜安乃建王國焉制其畿方千里而封樹之景尺有五寸者南戴日下萬五千里地與星辰四游升降於三萬里之中是以半之得地之中也畿方千里取象於日一寸爲正樹樹木溝上所以表助阻固也鄭司農云土圭之長尺有五寸以夏至之日立八尺之表其景適與土圭等謂之地中今潁川陽城地爲然

【疏】日至至樹之○釋曰上經置五表於四方四表未得所求今於中表夏日至亦晝漏半立八尺之表表北得景尺有五寸景與土圭等謂之地中於此地中之所天地之所合

也者天地不合萬物不生天地配合萬物乃生故樂記云天地訢合是也四時之所交也者即尚書所云宅南交孔云言夏與春交舉一隅以見之則秋與夏交冬與秋交春與冬交可知故云四時所交也風雨之所會也者風雨所至會合人心謂若禮器云饗帝於郊風雨寒暑時是也陰陽之所和也者謂若昭四年左氏申豐云冬無愆陽夏無伏陰是其陰陽和也然則百物阜安者摠結上句所合已下然尤如是阜盛也如是四事得所則百物盛安也乃建王國焉者建立也於此盛安之處乃立王之國城焉制其畿方千里者王畿千里以象日月之大中置國城面各五百里制畿界而封樹之者於畿封之上而作深溝土在溝上謂之爲封封上樹木以爲阻固故云而封樹之○注景尺至爲然○釋曰云景尺有五寸者欲釋經景尺有五寸得地中之意云南戴日下萬五千里者景一寸差千里故於地中尺五寸景去南戴日下萬五千里云地與星辰四游升降於三萬里之中者考靈耀文[illegible]星辰[illegible]游萬五千里[illegible]冬至地與星辰[illegible]游東萬五千里[illegible]不過[illegible]萬里[illegible]地與星辰四游升降[illegible]萬里之中是以半之得地之中也云畿方千里取象於日一寸爲正者鄭注王制象日月之大亦取晷同此云取象於日一寸爲正不言象日月之大者略不言之矣云一寸爲正者即是景一寸地千里與王制注晷同一也案元命包云日圓望之廣尺以應千里故鄭注王制云象日月之大也又案考靈耀曰從上臨下八萬里天以圓覆地以方載河圖括地象曰天不足西北地不足東南西北爲天門東南爲地戶天門無上地門無下又云極廣長南北二億三萬二千五百里東西二億三萬三千里又云天左動起於牽牛地右動起於畢廣雅云天圜南北二億三萬三千五百里七十五步東西短減四步周六億十萬七百里二十五步從地至天億一萬六千七百八十七里半下度地之厚與天高等天度云東方七宿七十五度南方七宿百一十二度西方七宿八十度北方七宿九十八度四分度之一四方三百六十五度四分度之一度二千九百三十二里二十八宿間相距積百七萬九百一十三里徑三十五萬六千九百七十里鄭司農云潁川陽城地爲然者潁川郡陽城縣是周公度景之處古跡猶存故云地爲然也案春秋左氏武王克商遷九鼎於洛邑欲以爲都不在潁川地中者武王欲取河洛之間形勝之所洛都雖不在地之正中潁川地中仍在畿内若然武王已遷鼎於洛欲以爲都周公又度景求地中者武王雖定鼎訖周公更度之者所以審慎故案書傳云四年建侯衛五年營成周建侯衛者在尚書康誥封康叔是也案康誥云惟三月哉生魄周公初基作新大邑于東國洛四方之民大和會注云岐鎬之域處五岳之外周公爲其於政不均故東行於洛邑合諸侯謀作天子之居四方民聞之同心來會樂即功作効其力焉是時周公居攝四年也又案召誥惟三月丙午朏注云是時周公居攝五年越三日戊申大保朝至於洛卜宅厥既得卜則經營之若然洛邑在攝政四年初爲基止至五年乃正營之也

以土圭之灋測土深正日景以求地中日南則景短多暑日北則景長多寒日東則景夕多風日西則景朝多陰土圭所以致四時日月之景也云測猶度也○不知廣深故曰測故書求爲救○杜子春云爲求○鄭司農云測土深謂南北東西之深也日南謂立表處大南近日也日北謂立表處大北遠日也景夕謂日跌景乃中立表之處大東近日也景朝謂日未中而景中立表處大西遠日也玄謂晝漏半而置土圭表陰陽審其南北景短於土圭謂之日南是地於日爲近南也景長於土圭謂之日北是地於日爲近北也東於土圭謂之日東是地於日爲近東也西於土圭謂之日西是地於日爲近西也如是則寒暑陰風偏而不和是未得其所求凡日景於地千里而差一寸○深尺鴆反景如字本或作影非下及注同度待洛反下同近附近之近下同遠日于萬反跌待結反

疏 以土至多陰○釋曰案土人職云土圭尺有五寸周公攝政四年欲求土中而營王城故以土圭度日景之法測度也度土之深深謂日景長短之深也正日景者夏日至晝漏半表北得尺五寸景正與土圭等即地中故云正日景以求地中也日南則景短多暑者周公度日景之時置五表五表者於潁川陽城置一表爲中表中表南千里又置一表中表北千里又置一表中表東千里又置一表中表西千里又置一表今言日南景短多暑者據中表之南而言亦晝漏半立八尺之表表北得尺四寸景不滿尺五寸不與土圭等是其日南是地於日爲近南景短多暑不堪置都之事北云日北者據中表之北表而言亦晝漏半表北得尺六寸景是地於日爲近北是其景長多寒之事也云日東則景夕多風者據中表之東表而言亦於晝漏半中表景得正時東表日已跌矣是地於日爲近亦晝漏半已得夕景故云景夕多風云日西則景朝多陰者爲中表之西表而言是地於日爲近西亦於晝漏半中表景得正時西表日未中乃得朝時之景故云日西則景朝多陰此經皆未得所求耳解洪範之義依五行傳風屬中央雨屬東方今西方云多陰東方云多風者土爲木妻木爲金妻從妻所好故月離於箕風揚沙月離於畢俾滂沲故此東方多風西方多陰陰即雨也○注土圭至一寸釋曰案馮相氏云冬夏致日春秋致月皆以土圭度之是以冬官考工記云土圭尺有五寸以致日鄭云土圭所以致四時日月之景也云測猶度○不知廣深故曰測者廣深喻遠近以經云測土深故鄭云廣深也鄭司農云測土深謂南北東西之深也者先鄭據經云日南日北日東日西皆以土圭測度之先鄭又云日南謂立表處大南近日云云先鄭之意日於地中而在南故以南表爲近日北表爲遠日日出東方而西流故以東表爲近日西表爲遠日云景夕謂日跌景乃中者於晝漏半東表日跌中表景乃中又云景朝謂日未中而景中者亦於晝漏半西表日未中而中表景乃中也玄謂晝漏半而置土圭表陰陽審其南北者後鄭釋景長短之意度景之法冬至夏至皆可爲之皆據晝漏半者以取日正午乃得其端直也云表陰陽者東方西方是陰陽故別云審其南北也又云景短於土圭謂之日南是地於日爲近南云○後鄭之義與先鄭不殊更云是地於日爲近南已下者先鄭云近日遠日恐人以爲南方東方地高爲近日北方西方地下爲遠日有此地高下之嫌故後鄭增成先鄭之義○取云是地於日爲近北於日爲近東於日爲近西四方之表皆去中表千里而云是立表之處其地於天下之日爲近南爲近北爲近東爲近西也云如是則寒暑陰風偏而不和是未得其所求者此言對下經地中是陰陽風雨和會爲得所求也云凡日景於地千里而差一寸

测绘

地学

土地——度地以求地中

日景寸若地千里分百里

土圭以致四時日月封國則以土地以致四時日月者度其景至不至以知其行得失也冬夏以致日春秋以致月土地猶度地也封諸侯以土圭度日景觀分寸長短以制其域所封也鄭司農説以玉人職曰土圭尺有五寸以致日以土地以求地中故謂之土圭○度待洛反下度地度日同中如字劉丁仲反

疏注以致至土圭○釋曰鄭云以致四時日月者度其景至不至以知其行得失也又引馮相氏云冬夏致日春秋致月者依通卦驗冬至立八尺之表晝漏半度之表北得丈三尺景又依大司徒云日至之景尺有五

十三經注疏　周禮二十　春官宗伯　丟

寸謂之地中是其景至也若不依此或長或短則爲不至也云以知其行得失也者景之至否皆由人君之行所致若景不依道度爲不至是人君之行失若景依道度爲至是人君之行得故云知行得失若春秋致月之法亦於春分秋分於十五日而望夜漏半而度之但景之長短自依一二分爲長短不得與冬夏日景同景之至否亦知行之得失也云以土圭度日景觀分寸長短以制其域所封也者日景一寸其地千里則一分百里今封諸侯無過五百里巳下止可言分而言寸者語勢連言之其實不合有寸也先鄭玉人職而云以求地中故謂之土圭者所用惟置洛邑而求地中自餘或致四時之景或封諸侯所用不必要求地中而先鄭言求地中者據大司徒而言耳

（周礼春官典瑞）

地圖

凡民訟以地比正之鄭司農云以田畔所與比正斷其訟○斷丁亂反地訟以圖正之地訟爭疆界者圖謂邦國本圖疏凡民至圖正之○釋曰民訟六鄉之民有爭訟之事是非難辨故以地之比鄰知其是非者共正斷其訟地訟以圖正之○注地訟至本圖○釋曰言地訟爭疆界者謂民於疆界之上橫相侵削者也圖謂邦國本圖者凡量地以制邑封疆之時則有地圖在於官府於後民有訟者則以本圖正之

民訟以地比，比鄰，正之

地訟以圖正之

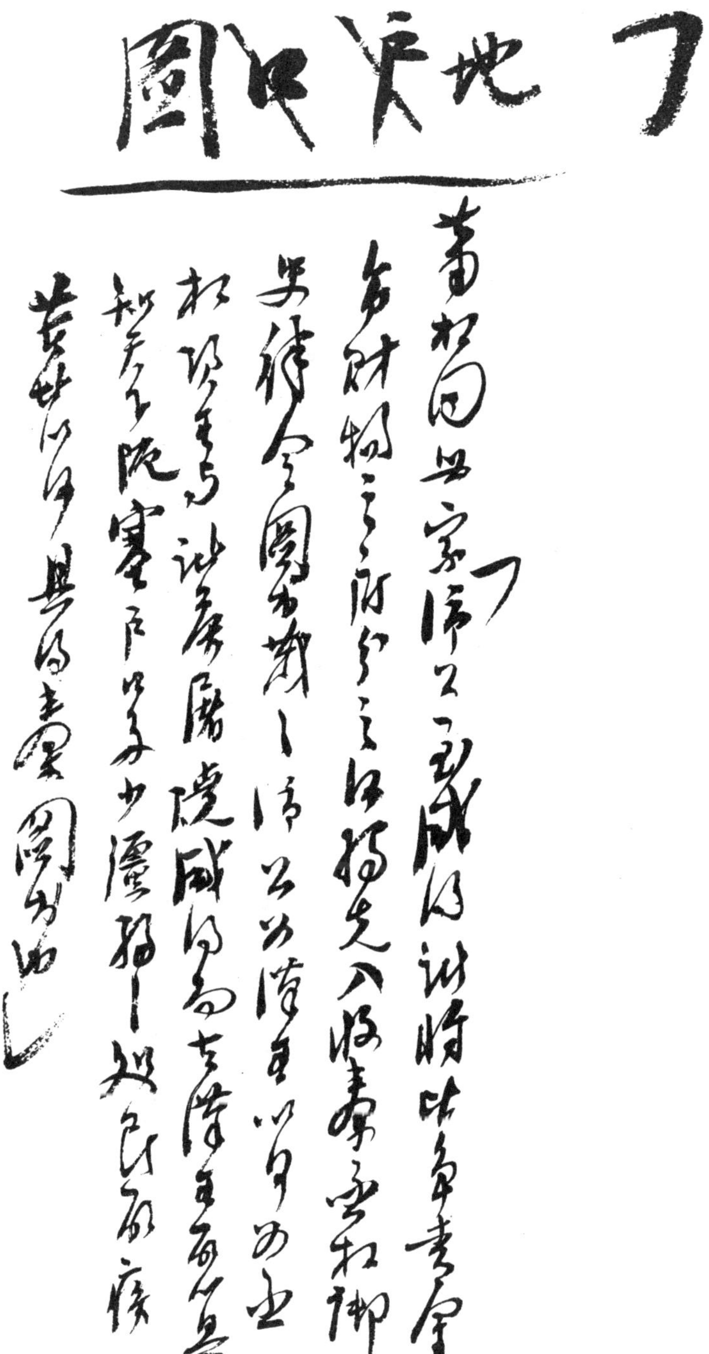

傳籍

周官地圖　樂

周書

例如　古月經　土方氏　考工記　匠人

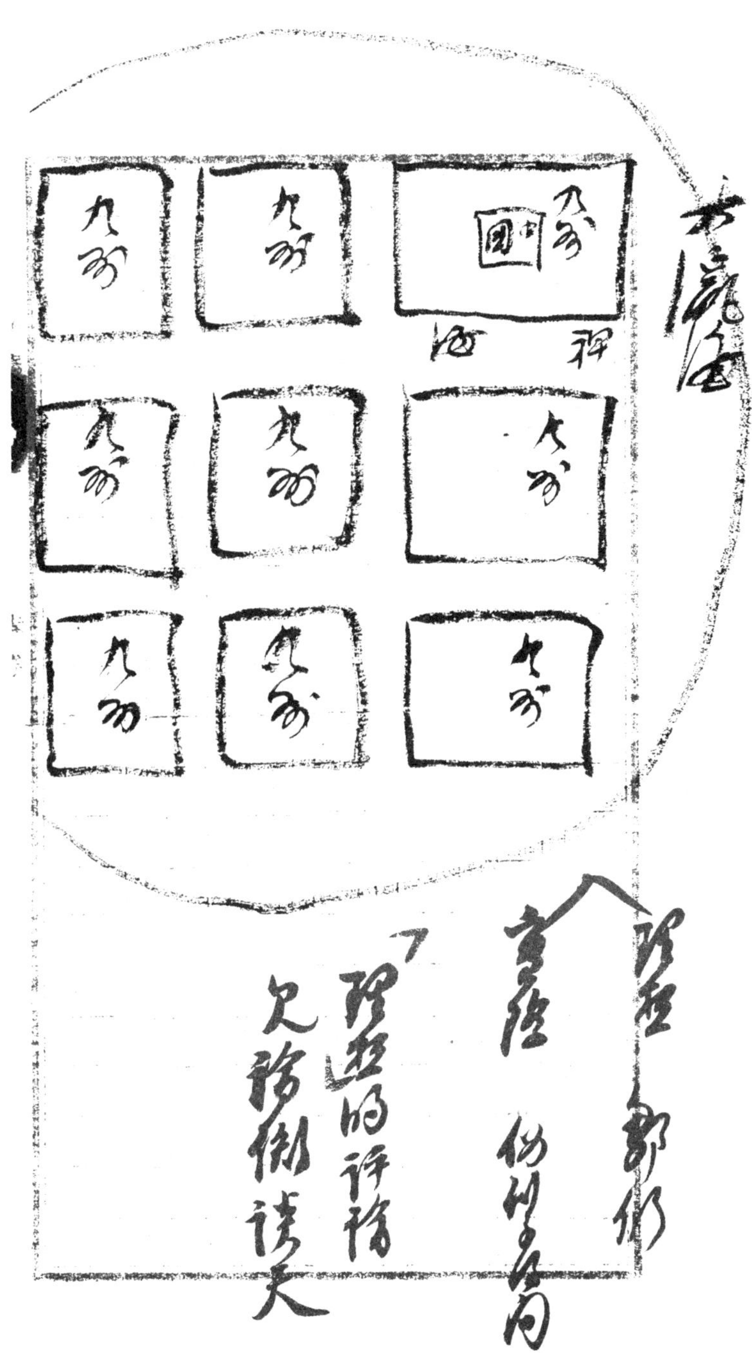

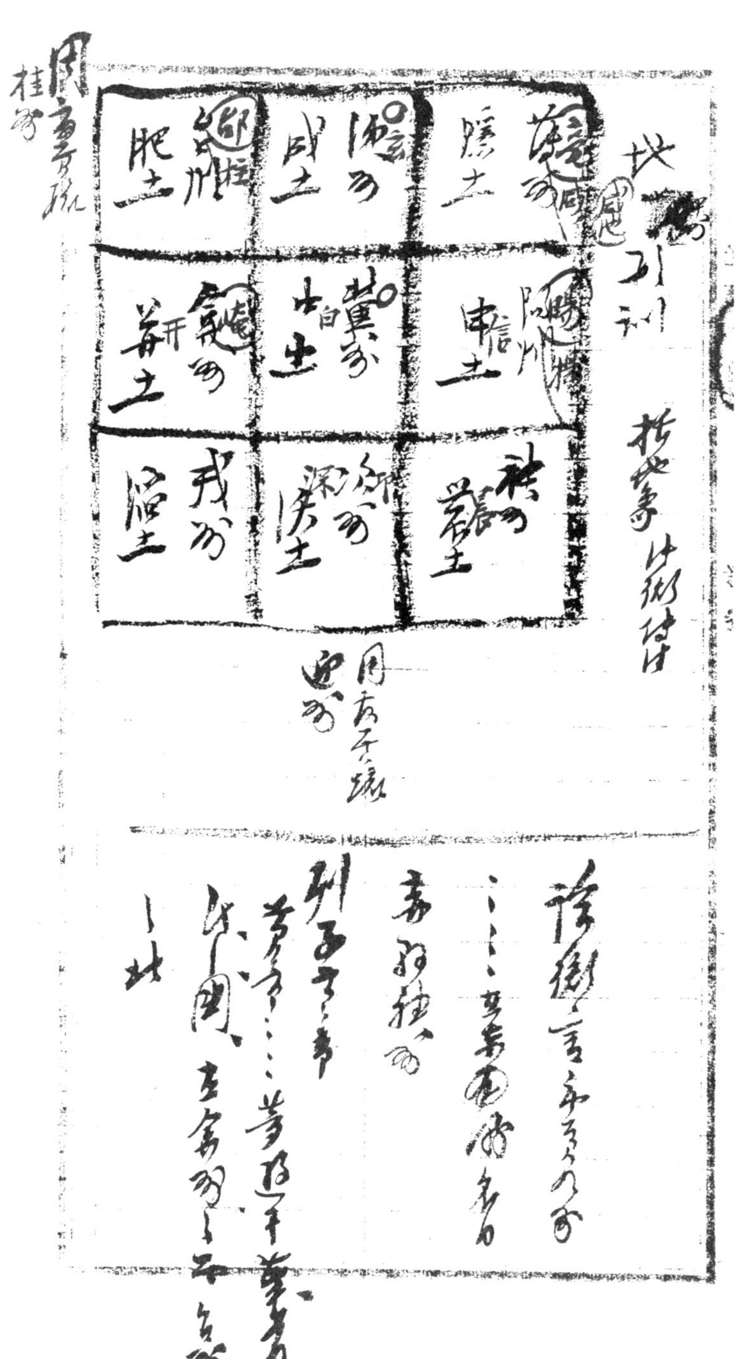

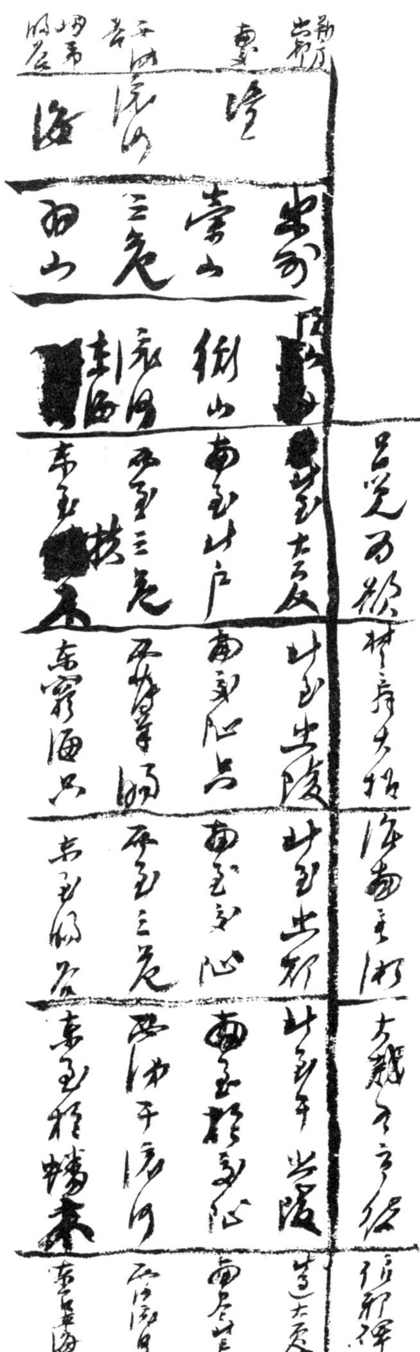

○柱　秦述　印國　儒叙　祝粟

○若　顔行　[illegible]　[illegible]　一日下

○海　五弟　七歲　上堂　一秋

始秀卯仍要載日日再六

廿雖定間

東王日卯出分太平

一石　○　大書

地理

郭何諸大家

諸術類藏本

[illegible]

[illegible]

[illegible]

[illegible]

[illegible]

[illegible]

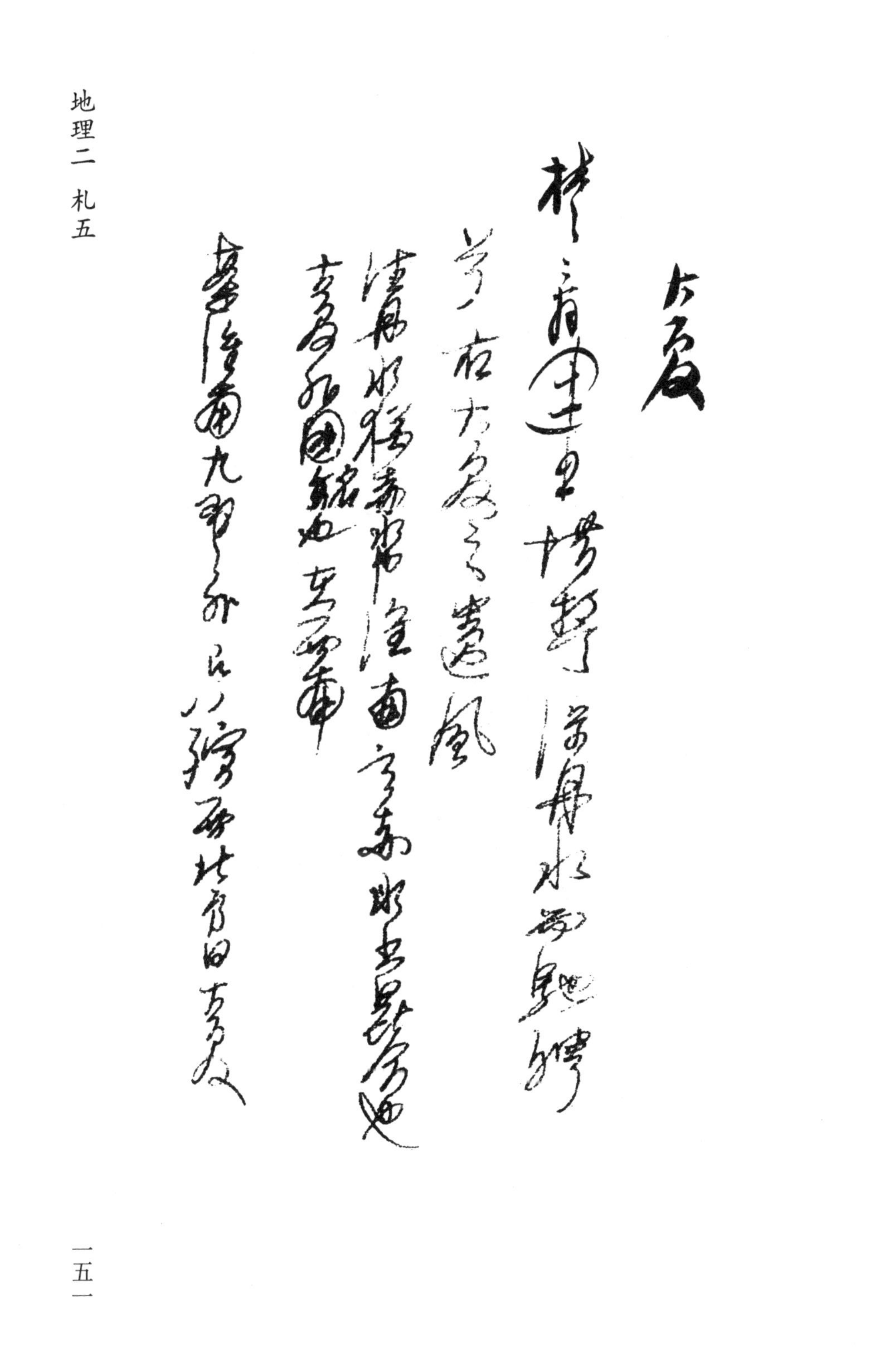

解經句郡以上諸儒多尊之嘉時
而岸與六魔蛟龍使黑洋之語
五皇使者爭戰備達以為難者
勝窮東使征討戰而閑以來時代
指此海以為野

樊齋之經觀

丙寅五〇三日〇九九

地理

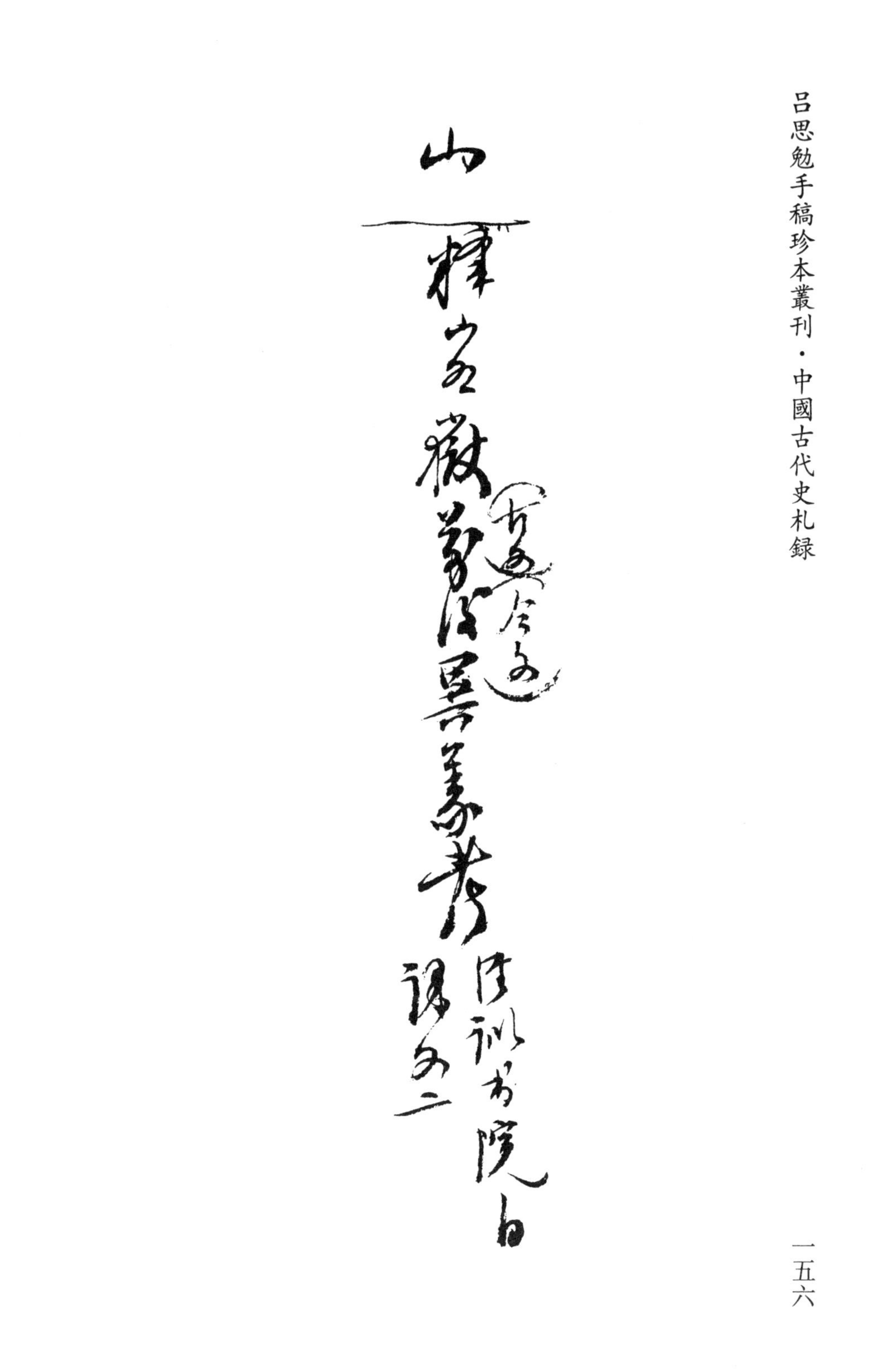

山一

轉附稍條

廿七陵諸蒼究

一福石

發已數稿一

福石入以義

川

灉沮既同當作雍

尚書餘論

六象

卅一 九阿太史

廿三作詩答問

宋卷十三余

收道

林之面江淮去邪甫之寄北大月刊一看

當此尚未一查

津

彭蠡即方雷[illegible]所丘故云稱今彭郎磯即方雷祠[illegible]

道南條九江

南條

漢水

擇一些淺的都爲作蓋權十八條

書後附論

台閲

庚六作盦

實事求是齋緘

弟二鷗鷺謝托

原闕

以過個舊十三陪補答寫

周

始曰邰　後曰邠　至文王曰周

癸巳歲稿乃春秋

元年春王正月綱

圖一宗可稱審
諸古徵六高
頗多辨證信
以著

地理

狐謂之𤓰蒿以爪為蓺々異体

說文一下部

謂字語注及

同讀

地理

一

[illegible]

若地

一夏汭考

癸巳歎

稿五

都邑

陳蔡不羹

實事求是齋經義之四

圓辭

都邑

方信

左右與綜兩異考已數稿

丁亥立夏三義

又材牲祝盟假節

內左右又井

盧左首義

鄠邑

閺鄉乃閿鄉之譌段注說文見鄠閿又從手部致字作住

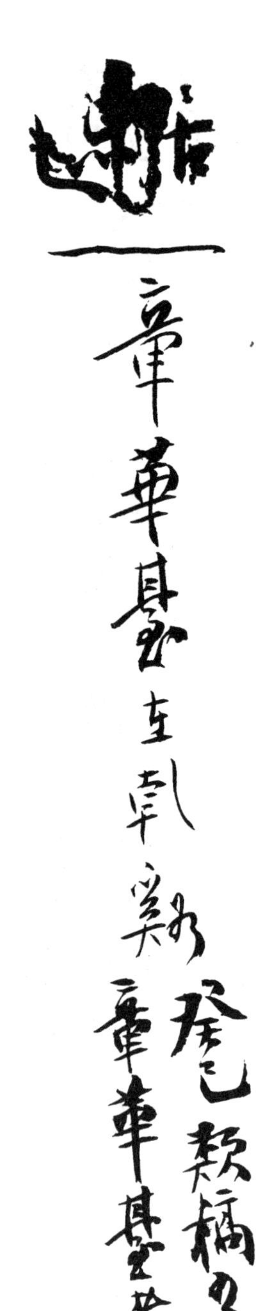

地理

五關口 宋人謂此並以五關為險 渝關在今山海關內 松亭關在今山海關內 松亭關在今喜峯口北百三十里 古北口在密雲縣東北一百二十里 居庸關在昌平西北三十里

金坡關在易縣西八十里今紫荊關也

三關口 瓦橋關舊居雄州周世宗得之置雄州治歸義縣今雄縣是也 益津關舊在霸州世宗得之置霸州治文安縣其在霸西北七十里今霸縣治 淤口關在益津東一百五十里遼史互紀說者如是 考異紀要謂有高陽關而無淤口 高陽關一稱草橋關舊謂在瀛州在今高陽縣之東 瀛莫二州在三關之南

遼人因稱爲南京　當滹沱橋以東地多沮洳　山後遼軍南侵常取道於保定（祁鎮諸州）或出忻代而下再出雁門者以有三關之險也

山前後　山前七州幽薊瀛莫涿檀順　山後九州新媯儒武雲應寰朔蔚　河北城山前山後之界　周世宗復瀛莫山前失地止有五州　遼先得平營後得幽州又析平州增置灤州　山前則爲九州　山後廢寰州增弘武二州（舊武州改歸化州）爲十州　則十九州

蒲福風力等級表

風力等級	名稱	海面狀況	浪高 一般	浪高 最高	海岸漁船徵象	陸地地面物徵象	相當風速 公里/時	相當風速 浬/時	相當風速 米/秒
0	無風		(尺) 一	(尺) 一	靜	靜，烟直上。	小於1	小於1	0—0.2
1	軟風	微波	一	$\frac{1}{4}$	尋常漁船略覺搖動	烟能表示風向，但風向標不能轉動。	1—5	1—3	0.3—1.5
2	輕風	小波	$\frac{1}{2}$	1	漁船張帆時，可隨風移行每小時2—3千公尺。	人面感覺有風，樹葉有微響，風向標能轉動。	6—11	4—6	1.6—3.3
3	微風	小波	2	3	漁船漸覺簸動，隨風移行每小時5—6千公尺。	樹葉及微枝搖動不息，旌旗展開。	12—19	7—10	3.4—5.4
4	和風	輕浪	3	$4\frac{1}{2}$	漁船滿帆時傾於一方。	能吹起地面灰塵和紙張，樹的小枝搖動。	20—28	11—16	5.5—7.9
5	淸勁風	中浪	$5\frac{1}{2}$	8	漁船縮帆（即收去帆之一部）	有葉的小樹搖動，內陸的水面有小波。	29—38	17—21	8.0-10.7
6	強風	大浪	9	12	漁船加倍縮帆，捕魚預注意風險。	大樹枝搖動，電綫呼呼有聲，舉傘困難。	39—49	22—27	10.8-13.8
7	疾風	巨浪	12	17	漁船停息港中，在海者下錨。	全樹搖動，迎風步行感覺不便。	50—61	28—33	13.9-17.1
8	大風	狂浪	16	23	近港的漁船皆停留不出。	微枝折毀，人向前行，感覺阻力甚大。	62—74	34—40	17.2-20.7
9	烈風	狂浪	20	30	汽船航行困難	烟囪頂部及平屋移動，小屋有損。	75—88	41—47	20.8-24.4
10	狂風	狂濤	26	38	汽船航行頗危險	陸上少見，見時可使樹木拔起或將建築物吹毀。	89—102	48—55	24.5-28.4
11	暴風		33	47	汽船遇之極危險	陸上很少，有則必有重大損毀。	103—117	56—63	28.5-32.6
12	颶風		41		海浪滔天	陸上絕少，其摧毀力極大。	大於117	大於63	大於32.6

古時測景見西方天文史

中法集要卷（跋五八葉）

此移後條（國九葉）

地理

河西張氏置四郡（晉書地理志）（十四地理上）

裴秀禹貢地域圖○晉書裴秀傳「……秀為司空……以職在地官。以禹貢山川地名。從來久遠。多有變易。後世說者。或強牽引。漸以暗昧。於是甄擿舊文。疑者則闕。古有名而今無者。皆隨事注列。作禹貢地域十八篇。奏之。藏於秘府。」（卅五）按其序。則當時秘書。既無古之地圖。又無蕭何所得。惟有漢氏輿地及括地諸雜圖。各不設分率。又不考正準望。亦不備載名山大川。雖有……荒外迂誕之言。　晉文帝乃命有司。撰訪吳蜀地圖。蜀土既定。六軍所經。地域遠近。山川險易。征路迂直。校驗圖記。罔或有差。案晉帝所撰一圖未知於此是據審正或秀所揭之謂也　而秀所作圖，則上考禹貢山海川流。原隰陂澤。古之九州。及今之十六州郡國縣邑疆界鄉陬。及古國盟會舊名。水陸徑路。盡合其今地理爲一圖也。

制圖之體有六。……一曰分率。……二曰準望。——三曰道里。……四曰高下。五曰方邪。六曰迂直。……

……有圖象而無分率，則無以審遠近之差。有分率而無準望，雖得之於一隅。必失之於他方。有準望而無道里。則施於山海絕隔之地。不能以相通。有道里而無高下方邪迂直之校。則徑路之數。必與遠近之實相違。

蓋以分率定其所，而以準望校之，以道路著其相通，而以高下方邪迂直正之。當時尚粗，則須積度之比較，然後方精審矣。

宋書謝莊傳：分左氏經傳，隨國立篇，製木方丈，圖山川土地，各有分理。離之則州別郡殊，合之則宇內為一。（卅五上）廿卅

南史宋宗室諸王傳竟陵王誕：大明元年秋，……出為南兗州刺史。……三年，建康人陳文[illegible]詔訴父錢為誕府史，恒使入山圖畫道路。又聽陳家。誕大怒，使人殺錢。（十四上）

又張弘策傳：及郢城平，蕭穎達、楊公則諸將皆欲頓軍夏口。帝以為宜乘勢長驅，直指建鄴。弘策與帝意合。又訪寧朔將軍庾域，域又同。即日上道。凡磯浦村落，軍行宿次，立頓處所，弘策預為圖，皆在目中。（五六上）

江左稱荊州為陝西。言為州郡志（十七上）

僑郡○宋書州郡志（十四）2下 3下 7上 8上 9下 （十五）14上 18上 下 20上 陽平請

立郡縣和僑郡之由（十四）2上

北魏鎮因改僑州○見魏書穆崇傳（四七）2上

魏書沮渠蒙遜傳大延五年○世祖〻〻〻親征之○牧犍詔公卿為書讓

之曰○〻〻〻民籍地圖○不登公府○任土作貢○不入司農○罪二也○（九

7上）

地理

梁州郡建置

梁書武帝紀天監三年八月。魏陷司州。詔以南義陽置司州。(二卅上)

又六年四月。分湘廣二州置衡州。(二廿下)

又七月丙寅。分廣州置桂州。(二廿下)

又十二月乙丑。魏淮陽鎮都軍主常邕和以城内屬。分豫州置霍州。

又八年夏四月。以北巴西郡置南梁州。

又普通四年六月乙丑。分益州置信州。分交州置愛州。分廣州置成州南定州合州建州。分霍州置義州。(三廿上)

又五年三月甲戌。分揚州江州置東陽州。(三廿下)

又七年十一月，辛巳，夏侯亶、胡龍牙、元樹、曹世宗等衆軍克壽陽城。……以壽陽置豫州，合肥改為南豫州。(三下)

又大通元年冬十月，庚戌，魏東豫州刺史元慶和以渦陽内屬。(三下)十一月，以渦陽置西徐州。(五上)見陳慶之傳(四十二下)

又二年夏四月，辛丑，魏郢州刺史元顯達以義陽内附，置北司州。(三上)

又中大通四年正月，癸未，魏南兗州刺史劉世明以城降，改南兗州為譙州，以世明為刺史。(三上)

又五年六月，己卯，魏建義城主蘭寶殺魏東徐州刺史，以下邳城降。秋七月，辛卯，改下邳為武州。(三下)

又大同六年九月。移安州置定遠郡。受北徐州都督。定遠郡改屬安州。(三)上

又大清元年秋。七月。庚申。羊鴉仁入懸瓠城。甲子。詔曰。二豫分置其來久矣。今汝潁克定。可以前代故事。以懸瓠爲豫州。壽春爲南豫。改合肥爲合州。北廣陵爲淮州。項城爲殷州。合州爲南合州。(三)上

又陳文帝紀七月戊辰。以吳郡置吳州。(四)上

又敬帝紀太平元年二月乙未。罷震州。還復吳興郡。(四)上

又三月。丙子。罷東揚州。還復會稽郡。(四)上

又二年正月。分尋陽太原高唐新蔡五郡置西江州。仍移尋

陽何支州鎮。（四上）

天監四年韋叡克合肥，遷豫州於合肥（十二下）見梁書韋叡傳

梁書張齊傳：天監十年……初南鄭没於魏，乃於益州西置南梁州。州鎮草創，皆仰益州取足。齊上夷獠義租，得米二十萬斛。又立臺傳，興冶鑄，以應贍南梁。七年為巴西太守已（十七上）

又陳慶之傳：中大通二年。……二年之四。……又表省南司州，復安陸郡，置上明郡。（卅二上）

地權

米爾馬克考

土地爲氏族所公有也共耕按需要分配　鋤耕易爲犁耕，屋不必多人且人多共耕，離距所居爲遠　於是血族集團起各別家族也氏族分其地於各家族，各有其收益，但出若干以供公社耳　然後種地分給，屋公有，放歷若干時則須再分配，此蓋都公社分配之法，馬克日巴比大米爾日日皆是也

馬克之制，人先分得宅地，人可自擇耕地三分，一夏種，一冬種，一休耕地以舒地力　依家之數分爲若干分，以抽籤定之，逐年行之　耕地三分之外，山林牧場與其麥場有之

米爾之制，以一都之地分爲若干大段，合若干段爲一分，共合

之也若求其肥瘠之相等而爲一井以地共耕分配由古代之會

鄉公集在家族抽藏

漁牧林水陸道路不分求不爲己之所同也

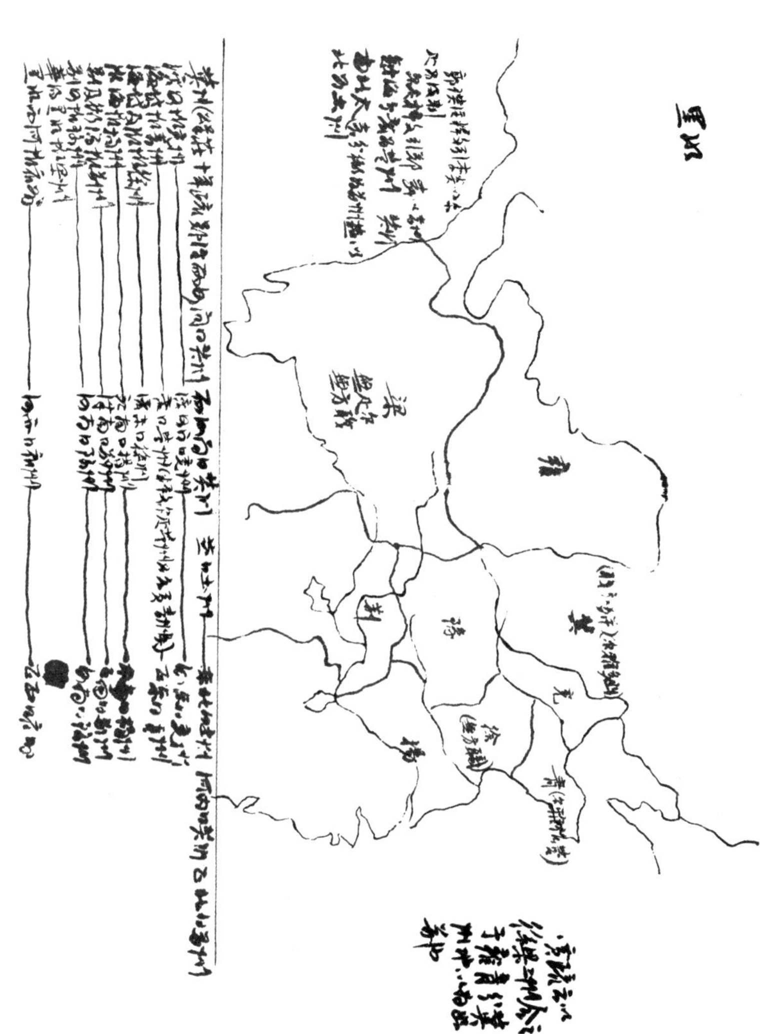
雍
冀
梁
荆
豫
徐
青

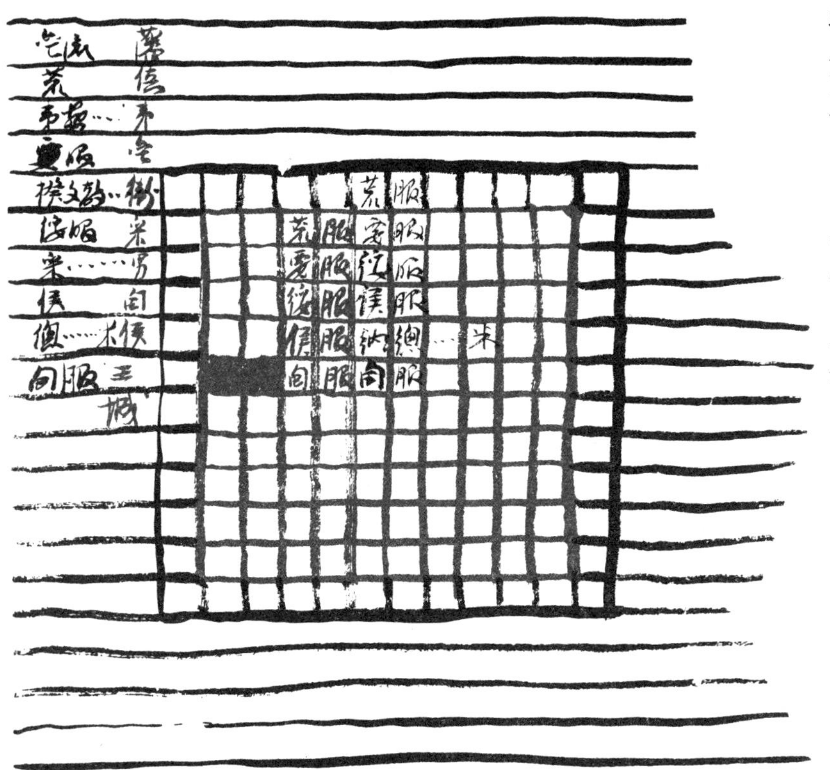

今尚書歐陽夏侯說中國方五千里（王制正義引五經異義）史遷同（詩商頌正義）

賈逵馬融皆以爲甸服之外百里至五百里米特有此數去王城千里其侯綏要荒服各五百里是面三千里相距爲方六千里（書禹貢正義）

古尚書說五服旁五千里相距萬里許慎從之（王制正義引五經異義）

鄭玄以爲堯制五服服各五百里要服之內四千里曰九州其外荒服曰四海（案大小與今文圖同）禹平水土之後更以五百里輔之 五百里甸服……是堯舊服 百里賦納總……是禹所弼（詩商頌正義）

大旨周禮職方氏九服相距則以下同（王制正義）

水利

水利提要

「水利」一包札録，原分「水利」「水利（札）」兩札，其中第二札又分兩小札。這包札録，大部分是《左傳》《史記》《漢書》《晉書》《水經注》等史籍的資料摘録，也有一些是先生讀《日知録》《書古微》《東塾讀書記》和報刊雜誌時的筆記。

吕先生的札録，通常在天頭或紙角寫上分類名稱，如「水利」「河渠」「治水」等，有些也寫有題頭。資料係節録或剪貼史籍原文，並記下篇名卷第；有些未録原文，也在題頭下注明材料的出處。如第二四一頁「出河胡中」注見《漢書·溝洫志》「廿九4上」（即卷二九第四頁正面），同頁「因井水鹹苦，鑿原闕渠」注見《三國志·魏志·牽招傳》「廿六5下」（即卷二六第五頁反面）。札録中也有一些先生加的按語，如第二二五頁有「勉案：瀕河之田，其岸之傾度稍向田，則水皆入田，稍向河，則皆入河矣」。第二一七頁也有先生的按語。

「水利」一包，也有剪報資料，此次整理只收録了一小部分；札録的手稿部分，均按原樣影印刊出。

何渠帖

泗州志謂洪澤湖南至禹王河自盱眙分
淮經天長至江宋使取之此清廣儀蹤
通親致深臨勘並無其跡
見舊古徽為釋道南條淮以

西門豹即發民鑿十二渠引河水灌民田【正義】括地志云按横渠首接漳水蓋西門豹史起所鑿之渠也溝洫志云魏文侯時西門豹爲鄴令有令名至文侯曾孫襄王與羣臣飲祝曰令吾爲臣皆如西門豹之爲人臣也史起進曰魏氏之行田也以百畝鄴獨二百畝是田惡也漳水在其旁西門不知用是不智知而不興是不仁仁智豹未之盡何足法也于是以史起爲鄴令遂引漳水溉鄴以富漳魏之河名左思魏賦云西門溉其前史起灌其後也田皆溉當其時民治渠少煩苦不欲也豹曰民可以樂成不可與慮始今父老子弟雖患苦我然百歲後期令父老子孫思我言至今皆得水利民人以給足富十二渠經絶馳道到漢之立而長吏以爲十二渠橋絶馳道相比近不可欲合渠水且至馳道合三渠爲一橋鄴民人父老不肯聽長吏以爲西門君所爲也賢君之法式不可更也長吏終聽置之故西門豹爲鄴令名聞天下澤流後世無絶已時幾可謂非賢大夫哉傳曰

史滑稽傳

水利

璧標

陵右淮渠兵今衡人此工繕修者　此昔日上下有宰

渠之細似可彰記之令之璧標是

史記書後有菊說條例彰此工程有以雜云

彰按此行家渠之細為彰記之若今璧標

彰君舉名

別紙

近得石里出版書 葉集三

山田孝雄滿閣 田若一卷

李研齋先生

論語經說一冊

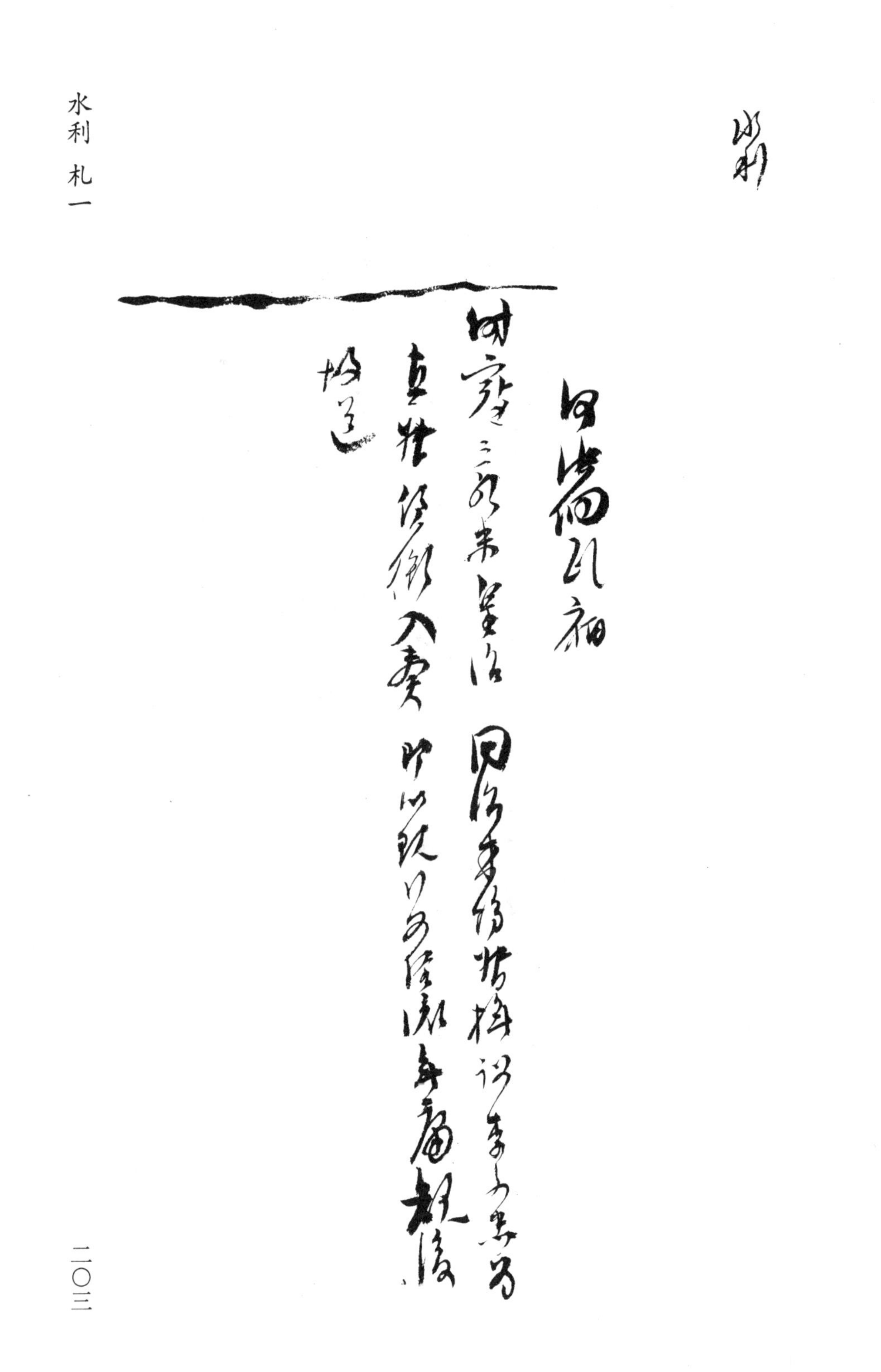

水利

佳作何

雛、鵡 佳鳴 加鳴翻

未成、就一柳白丈人何見公服

以吳中華叢書史148 149頁可參考

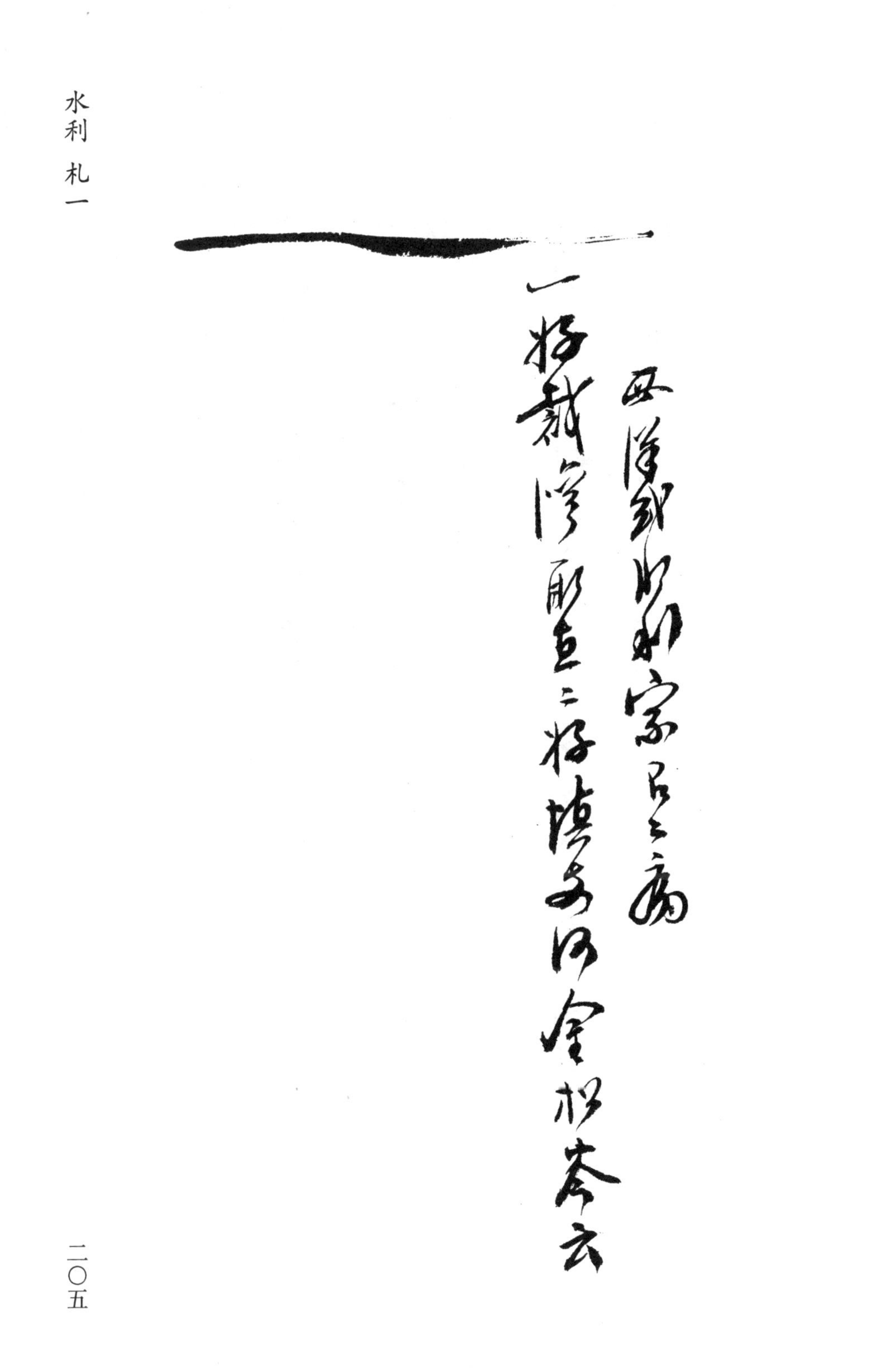

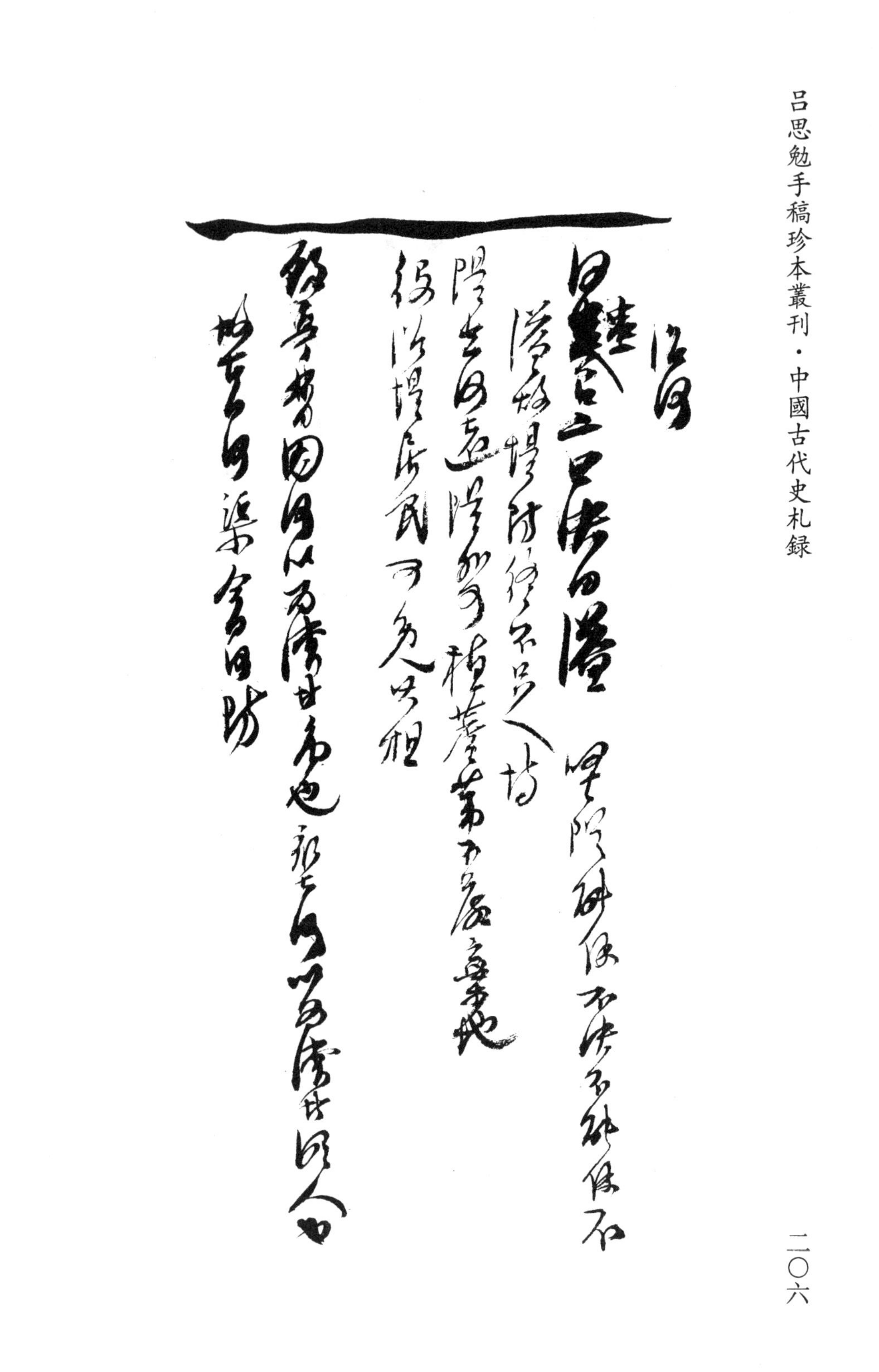

吳志卷二吳主傳 [illegible]

[illegible]福[illegible]數千人[illegible]

[illegible]

[illegible]民[illegible]

[illegible]澶洲[illegible]人也

[illegible]

道州之役，傳日昨復如前于[illegible]海圖

閱處之讀之，日前所得，俱渠參十二卷第五六之二言條目

之也。節侯

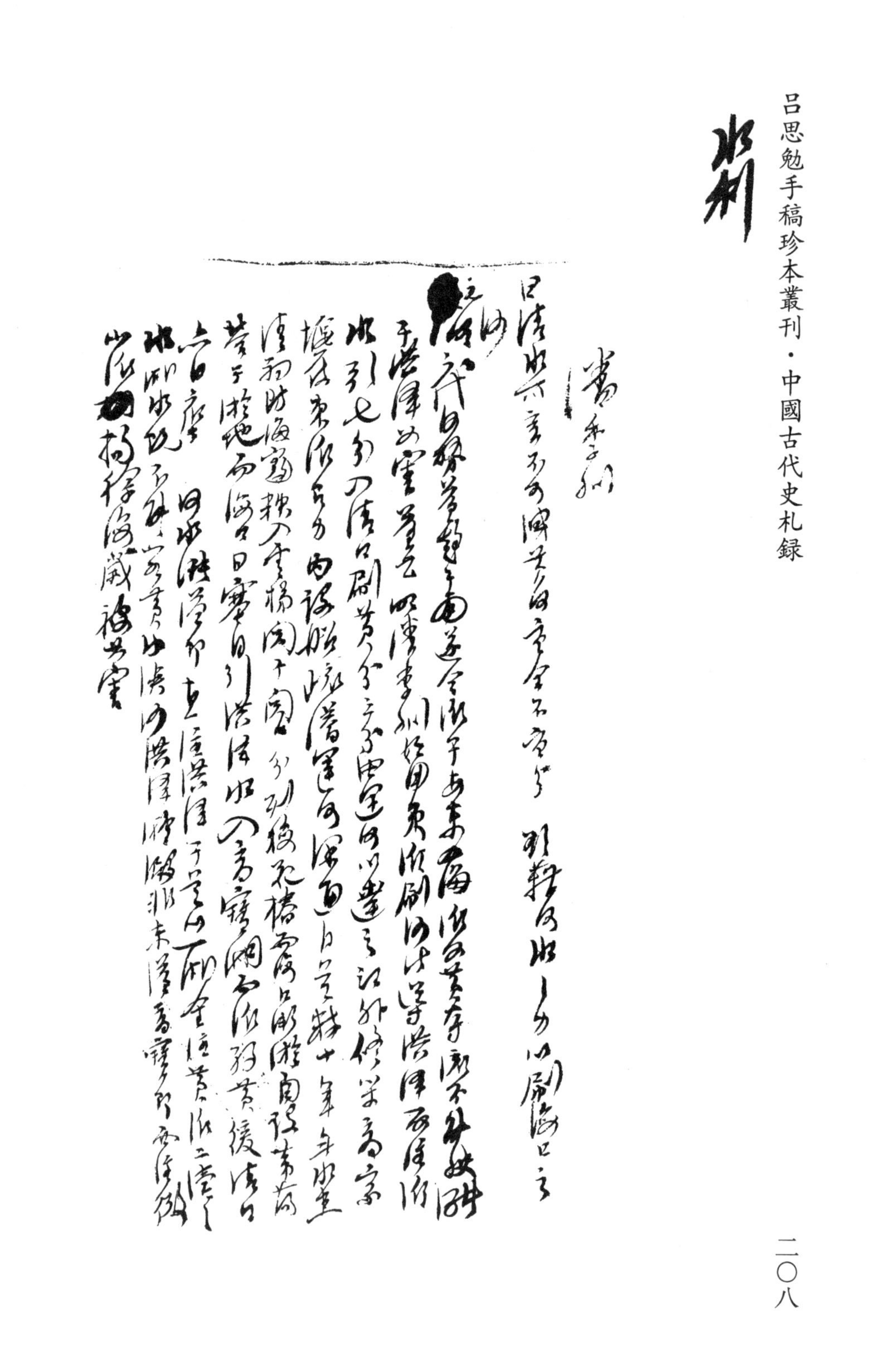

河渠

浩〻豐 浩瀆如閘在閘門出

出擋見〻出法 二〇四之十二

河渠

祖厲

晉啓頓

祖仏衣

封匠

小積石即唐述山中有積書

此謂曰此法二黄

引積石南大小二深

大

河源

西傾山　爲洮水墊江之原

水經河水注　二·三〇

漢人治砥柱不致

此種法之失

定陶祀中音范

出經注五、九　天也丁梁三

河渠

石人量水

水程注水法 以三一四

田渠

滿此畫二

廿人步切倉島刀田一余澤田

白渠

漢書溝洫志濡議字 師古妄注音

明標注十の之也

河渠

靈渠水工之妙

水經灕水注 卅八〇廿

日[illegible]

涑水速侯切 涑小雨零貌所責切

見說文

白渠

漢志京兆南陵縣沂水即滻水即水經注滻水

水經注十六卷卅一、六七頁　十九卷廿七頁

母渠

汎山張藹

出涇律山漬15/24

湘灕同原之際　灕乃牂牁下流異稱

始通之於江

水經注卷首四十八頁

旧渠

乾隆間鑿東府至磨山出路不成

見有古湖乃韓江源

水利

俄屬阿母河入裏海。阿母錫尔兩河兩岸皆沙漠，水之供灌溉
用者十之一耳。阿母本入裏海，二千五百年中出入鹹海入裏
海者六次，以沈積淤塞而改移也。俄人今引築攔壩之使入裏海，水
入低地處皆以堤防之，使不散布。
用井之法。以管筆挺鐵管，井中鈞起，今可代以馬達抽水機入
之地入之窒，以爭大水槽
關耕之利。水入河，固為消費，深耕則入地下者不消費于溝渠
萬國年中流入海之氣，溶解多於全世界之人造肥料，入田則
與植物之營養料矣
將米等分割為田。因其將土壤厚水分輸入

水利

控制水之法曰：水者使其人控制，利若往同，害則往同害。上游者築壩截水，使之成湖，於化隱時害之，以持其水。兩用相近之，知可蓄之，使之相通。高知之湖者，以隧道引下，河如知可利用為原動力，建水電廠，亦可引水使行於險峻之知，以取其原動力。

森林之保水利曰：最要者為於水源之山腹大要蔭葉可吸水，使其徐下，而雪之溶解亦遲。河岸亦要，即農灌用之田，其岸之傾度稍向田，則水皆入田；稍向河，則皆入河矣。

隧壩所忌曰：（一）水侵蝕隧壩之根，如隧壩其築於沙上；（二）卡斯特地質石之剝蝕變為孔穴，封出形成滑與井坑與洞，卡斯特病壩而水滅矣由裂縫漏去矣森林亦亡地下之崩潰引起上面之房屋坍倒者於將之病原爲水地下亦有溶解作腐蝕石灰化黏土石灰白雲石若石上有裂縫水即鑽入腐蝕之將縫擴大漸成圓錐形及洞窟等形者於將之岩石較之沙上危險更甚（三）斷層地下巨大石層常因收縮膨脹起伏下裂口之兩邊分爲一上一下是爲斷層當其適斷層地方之建築陷壞甚危險因其地之岩石爲斷層所經多裂痕可生者形將病此等裂縫水可從其中漏掉則堤壩爲無用矣且此時斷層之邊仍在時有因繼續而斷層起伏下此等遷移運動可以破壞堤壩發生[illegible]地震之效亦可再舉

呂河之效可將鋼板釘入河床中此等

鋼之牆壁可以防止水把堤壩下之地基沖去如地有縫可將其割去其洞與裂口可用三和土填塞

地下水○因地層之關係與壩料收及膨脹均宜研究

崧蕃請修甘肅水利 吴宣列傳 235上

清代治津之説 又 237下

水利

無曲防

孟子告子

公僖二陽穀之會 無障谷 穀

僖九葵丘之會 毋雍泉

管子大匡 毋曲隄

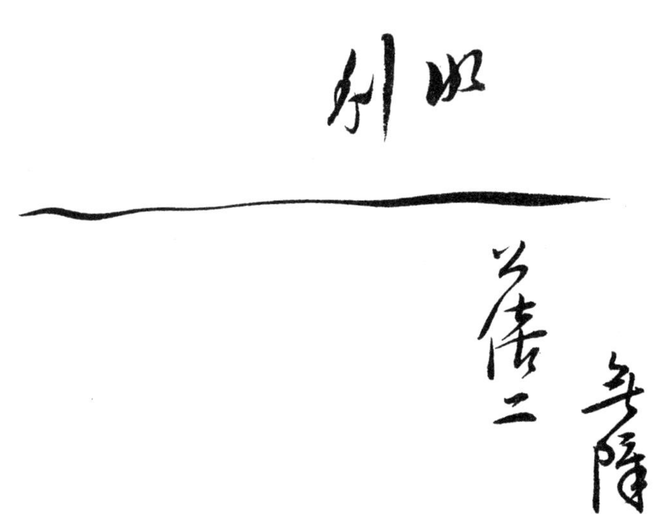

水利

長安郊陵

金陵通志　卧牛門閘四日此隄門及東郊錢堤注經定

疏罢原于寓沸而日落於郊三十二輩此元叚十方乃

錢塘湖外三丈城以方亭室居且內百石……隔

此立人當可南北東灘船不可樓僅民廬此在郊

隄九萬七千餘口　實錢言可築至六歲日此大成堤十

五六尺人城廢洞南郭門入至隄下此為渠陸三尺石修隄

已被淹為史氏屋可耕者立山

水利

桓公曰。願聞水害。管仲對曰。水有大小。又有遠近。水之出於山而流入於海者。命曰經水。（言為衆水之經）水别於他水。（謂從他水分流若江别為沱）入於大水及海者。命曰枝水。（言為之枝）山之溝一有水一毋水者。命曰谷水。水之出於他水溝流於大水及海者命曰川水。出地而不流者。命曰淵水。此五水者。因其利而往之可也。（謂因地之勢因疏引以溉灌）而扼之可也。（扼塞也恐其泛溢而塞之亦可也）而不久常有危殆矣。（謂卒有暴溢或能漂没居人故危殆也）桓公曰。

水可扼而使東西南北及高乎。管仲對曰。可。夫水之性。以高走下則疾。至於漂石〔謂能漂浮於石〕而下。向高即留而不行。故高其上領瓴之尺有十分之三。里滿四十九者。水可走也。〔上謂水從來處高之者欲注下取勢也瓴謂瓴甒也言欲令水上高必大為瓶甒私空其中使前後相受以尺為分每領而有十尺即長一丈也分之於三里間之每里滿此四十九如此則水可走矣〕乃迂其道而遠之。以勢行之。〔迂曲也謂迂曲水道遠張其勢而以行水〕水之性。行至曲必留退。滿則後推前。〔謂水至處必流而卻退其處既滿則後水推前水令去〕地下則平行。地高即控。〔控謂頓也言水頓挫而卻〕杜曲則擣毀。〔杜猶衝也擣觸也言水行至曲則衝而衝有所毀損〕杜曲激則躍。躍則倚。〔倚排也謂前後相排也〕倚則環。環則中。〔前後相排則圓流生空若環之中所謂齊〕中則涵。〔圓流無所通則相涵激也〕涵則塞。塞則移。移則控。〔塞亦控也〕控則水妄行。水妄行則傷人。傷人則困。困則輕法。輕法則難治。難治則不孝。不孝則不臣矣。故五害之屬。傷殺之類。禍福同矣。知備此五者。人君天地矣。〔所謂與天地合其德〕桓公曰。請問備五害之道。管子對曰。請除五害之說。以水為始。請

埽葉山房石印

為置水官。令習水者為吏大夫。大夫佐各一人。率部校長官佐各財足。（財謂其稟祿）乃取水左右各一人。使為都匠水工。（為水工之都匠）令之行水道城郭隄川溝池官府寺舍及州中當繕治者。給卒財足。（卒謂所當治水者財其糧用也）令曰。常以秋歲末之時閱其民。（閱謂省視）案家人比地。定什伍口數。（案人比地有十口五口之數當受地若干）別男女大小。其不為用者輒免之。（謂其幼小不任役者則免之）有錮病不可作者疾之。（著其名於疾者之數有以賙恤之也）可省作者半事之。（謂疾者雖不任役可以省視作者取其半功）并行以定甲士當被兵之數。上其都。（因力役之際并行視之強壯者預定之以為甲士而被兵之數既而上其名籍於國都也）都以臨下。視有餘不足之處。輒下水官。水官亦以甲士當被兵之數。（都既臨下視其兵不足之處即甲士下之於水官水官既得甲士還以備兵數也）與三老里有司伍長行里。因父母案行閱具備水之器。（謂水官與三老伍長等行視其里因其家之父母與之閱其備水之器）以冬無事之時。籠臿板築各什六（謂什人共貯六具下準此）土車什一雨輂什二（車輂所以禦雨故曰雨輂）食器兩具（每人兩具）人有之鎦藏里中以給喪器（謂人既有貯器當鎦藏於里中兼得給凶喪之用）後常令水官吏與都匠因三老里有司伍長案行之常以朔日始出具閱之取完堅補弊久去苦惡（具器既補弊而久有苦惡者除去之）常以冬少事之時令甲士以更次益薪積之水旁州大夫將之唯毋後時（謂將領之興得後時）其積薪也以事之已（已畢也農事既畢然後益薪）其作土也以事未起（謂春事未起）天地和調日有長久以此觀之其利百倍故常以毋事具器有事用之水常可制而使毋敗此謂素有備而豫具者也桓公曰當何時作之管子曰春三月天地乾燥水糾列之時也山川涸落天氣下地氣上萬物交通故事已新事未起草木荑生可食寒暑調日夜分分之後夜日益短晝日益長利以作土功之事土乃益剛令甲士作

隄大水之旁大其下小其上隨水而行地有不生草者必為之囊大者為之隄小者為之防夾水四道禾稼不傷歲埤增之樹以荊棘以固其地雜之以柏楊以備決水民得其饒是謂流膏令下貧守之往往而為界可以毋敗當夏三月天地氣壯大暑至萬物榮華利以疾藉殺草歲使令不欲擾命曰不長不利作土功之事放農焉利皆耗十分之五土功不成當秋三月山川百泉踊降雨下山水出海路

距雨露屬天地湊汐利以疾作收斂毋留一日把百日餔民毋男女皆行於野不利作土功之事濡濕日生土弱難成利耗十分之六土功之事亦不立當冬三月天地閉藏暑雨止大寒起萬物實熟利以填塞空郄繕邊城塗郭術平度量正權衡虛牢獄實廥倉君修樂與神明相望凡一年之事畢矣舉有功賞賢罰有罪遷有司之吏而第之不利作土工之事利耗什分之七土剛不立晝日益短而夜日

益長利以作室不利以作堂四時以得四害皆服桓公曰寡人悖不知四害之服奈何管仲對曰冬作土功發地藏則夏多暴雨秋霖不止春不收枯骨朽脊伐枯木而去之則夏旱至矣夏有大露原煙噎下百草人采食之傷人人多疾病而不止民乃恐殆君令五官之吏與三老里有司伍長行里順之令之家起火爲溫其田及宫中皆蓋井毋令毒下及食器將飲傷人有下蟲傷禾稼凡天菑害之下也君子謹避之故不八九死也大寒大暑大風大雨其至不時者此謂四刑或遇以死或遇以生君子避之是亦傷人故吏者所以教順也三老里有司伍長者所以爲率也五者已具民無願者願其畢也故常以冬日順三老里有司伍長以冬賞罰使各應其賞而服其罰五者不可害則君之法犯矣此示民而易見故民不比

按衣謂以物覆其上如所謂蔂城之類

也桓公曰凡一年之中十二月作土功有時則為之非其時而敗將何以待之管仲對曰常令水官之吏冬時行隄防可治者章而上之都都以春少事作之已作之後常案行隄有毀作大雨各葆其所可治者趣治以徒隸給大雨隄防可衣者衣之衝水可据者据之終歲以毋敗為固此謂備之常時禍何從來所以然者濁水蒙壤自塞而行者江河之謂也歲高其隄所以不沒也春冬取土於中秋夏取土於外濁水入之不能為敗桓公曰善仲父之語寡人畢矣然則寡人何事乎哉亟為寡人教側臣

水利

夏書曰禹抑鴻水[索隱]抑音憶抑者遏也洪水滔天故禹遏之不令害人也漢書溝洫志作堙堙抑皆塞也十三年過家不入門陸行載車水行載舟泥行蹈毳山行即橋[集解]徐廣曰橋近遙反一作檋檋直轅車也音己足反尸子曰山行乘樏音力追反又曰行塗以楯行險以撮行沙以軌又曰乘風車音去喬反[索隱]毳字亦作橇同音昌芮反注以撮子芮反又子絕反與蕝音同以別九州隨山浚川任土作貢通九道陂九澤[正義]顏師古云通九州之道及障遏其澤也度九山[正義]度田洛反釋名云山者產也治水以志九州山澤所生物產言於地所宜商而度之以制貢賦然河菑衍溢害中國也尤甚唯是為務故道河自積石歷龍門[正義]在同州韓城縣北五十里為鑿廣八十步南到華陰[正義]華陰縣也魏之陰晉秦惠文王更名寧秦漢高帝改曰華陰東下砥柱[正義]底柱山俗名三門山在硤石縣東北五十里在河之中及孟津雒汭至于大邳[正義]孟津在洛州河陽縣南門外孔安國云山再成曰邳按在衛州黎陽縣南七里於是禹以為河所從來者高水湍悍[集解]韋昭曰湍疾悍彊也難以行平地數為敗乃厮二渠以引其河[集解]駰案漢書音義曰厮分也二渠其一出貝丘西南二折者也其一則漯川[索隱]厮漢書作灑史記舊本亦作灑字從水按韋昭云疏決為灑字音疏跬反厮即分其流泄其怒是也二渠其一則漯川其二王莽時遂空也北載之高地過降水[正義]降水源出潞州屯留縣西南方山東北至于大陸[正義]大陸澤在邢州及趙州界一名廣河澤一名鉅鹿澤也播為九河[正義]言過降水及大陸水之口至冀州分為九河也同為逆河入于勃海[集解]瓚曰禹貢曰夾右碣石入于海然則河口之入海乃在碣石武帝元光二年河徙東郡更注勃海禹時不注勃海也九川既疏九澤既灑諸夏艾安功施于三代

乾隆四年校刊

史記卷二十九　河渠書　三十六

治明

……善清者小敵之善防其淫之敝亦其藩季剛所謂以小敵少也淫之其實識所謂左右游移突變而不自過也……

年 居

謹於記之

水利

穿漕渠　翟方伯汲渠（漢食貨志廿四卷下）

陂官湖官　漢志九江郡

[illegible]郡中（漢溝洫志廿九卷上）

南郡之雲夢官　南海中宿縣洭浦官

同[illegible]渠

（晉書卅六行）（吴志十六行）

陸凱傳

[illegible]振傳

陸胤乃陸凱族弟，交州刺史[illegible]甘[illegible]

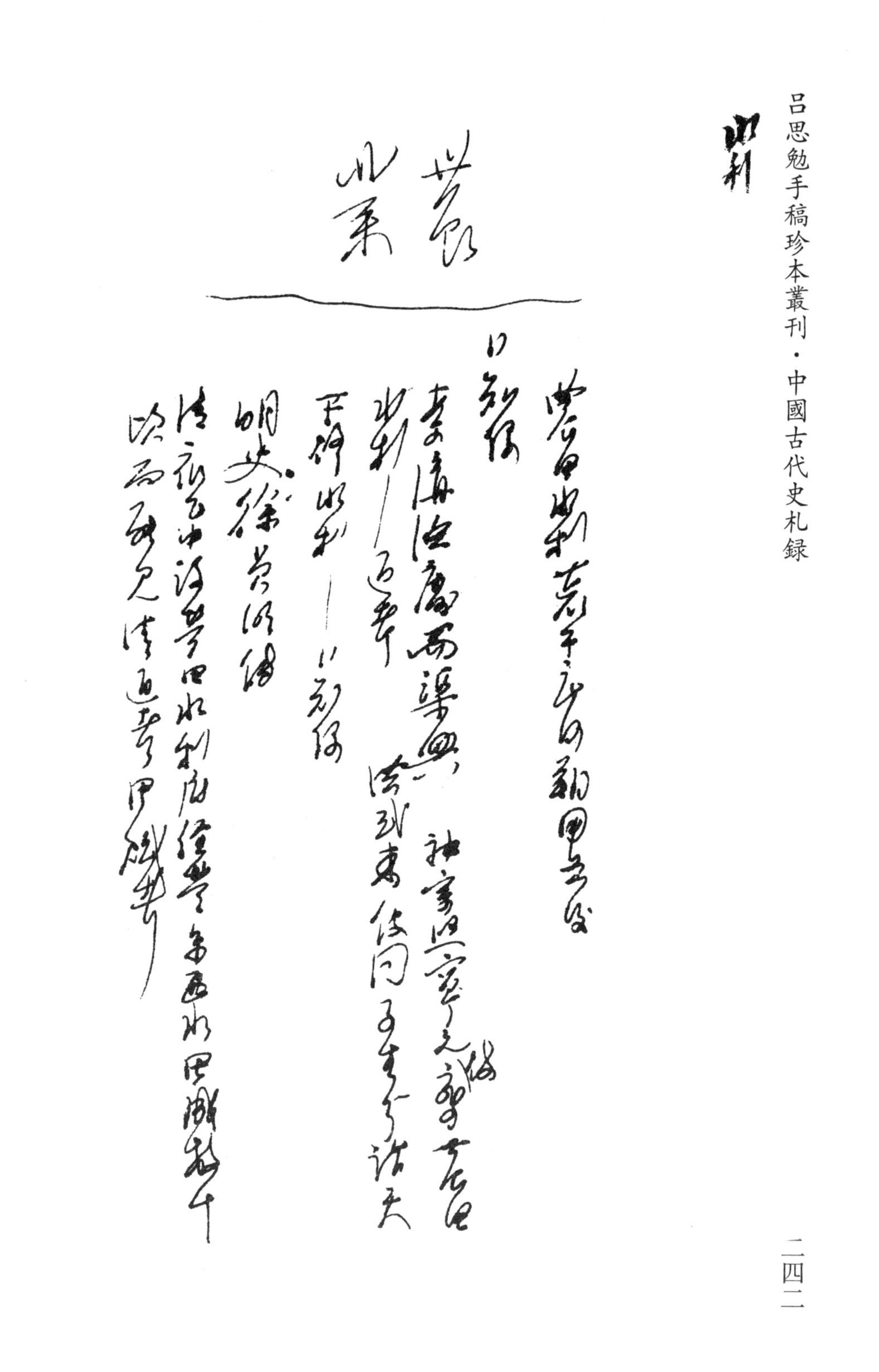

水利

[illegible]

水利

晉書傅玄傳玄上疏……上便宜五事……其三曰以魏初未留
意於水事。先帝統百揆。分河堤為四部。并本凡五謁者。以水功
至大。與農事並興。非一人所周故也。今謁者一人之力。行天下
諸水。無時得遍。伏見河堤謁者車誼。不知水勢。轉為他職。更選
知水者代之。可分為五部。使各精其方宜。（可也止） 子咸傳
安平祇為東莞太守。向魏齊初力水之源。何清風澄。郡大嘗著
溝自淪。閘石門而通之。至是復湮塞。祇乃造沈萊堰。至今兗豫
無水患。百姓為立碑頌焉。（可也止）

又宣帝紀魏正始三年三月。奏穿廣漕渠。引河入汴。溉東南諸陂。

始大佃于淮北。（同上）　四年。秋九月。帝督諸軍擊諸葛恪。……帝以滅賊之要，在於積穀。乃大興屯守，廣開淮陽、百尺二渠。又修諸陂於潁之南北，萬餘頃。自是淮北倉庾相望，壽陽至於京師。農官屯兵連屬焉。（同上）

齊書東昏侯紀：下揚、南徐二州橋桁塘埭丁，計功為直，斂取見錢，供太樂主衣雜費。由是所在塘瀆，多有隳廢。（互征）

又王敬則傳：……還……會稽太守。……會土邊帶湖海，民丁無士庶，皆保塘役。敬則以功力有餘，悉評斂為錢，送臺庫以為便宜。上武帝許之。竟陵王子良啟曰：……塘丁所上，本不入官。良由陂湖宜壅，橋路須通，均夫訂直，民自為用。若甲分毀壞，則年一宿改，若乙限堅完，則終歲無役。今郡通課此直，悉以還臺，租賦之外，更生一調，致令塘路崩壞，湖源泄散，害民損政，實此為劇。（卅六二址）

魏書崔楷傳：冀定數州頻遭水害。楷上疏曰：……其實上葉御災之方，亦為中古井田之制，即之近事，有可比倫。江淮之南，地勢洿下，雲雨陰霖，動彌旬月。遙途遠運，惟用舟艫。南畝畜稼，微事末耕。而衆庶未有饑饉，黔首罕有飢顏。豈天德而鈞，殊地偏罰，故是地勢異圖，有茲豐餒。……（四六四址）

魏書沈文秀傳：……除……懷州刺史，……大興水田，於公私頗有利益。（四六一址）

晉书荀顗傳：及蜀平。興復五等。命顗定禮儀。顗上請羊祜、任愷、庾峻、應貞、孔顥共刪改舊文。撰定晉禮。（卅九上）（見本傳中[illegible]。）

摯虞傳：時荀顗撰新禮。使虞討論得失。而後施行。（五一上）

又隱逸傳：索襲……敦煌人也……前時敦煌太守陰澹……將行鄉射之禮。請襲為三老。……會病卒。（九四上）

梁五禮起齊永明三年至普通五年成。六年徐勉表上之。見梁书勉傳（廿五下）（南史六十上）。又見司馬褧傳（四十上）　儒林賀瑒傳（四八上）　處士何胤傳（五一上）南史卅下

南史何承天傳：先是禮論有八百卷。承天刪減并合。以類相從。凡

爲三百卷。……並付程點。（四三正）

晉禮樂志（晉書禮志）（十九正）

禮儀制度，損益以時，蓋而降殺，與世隆汙，而殊其旨。（晉書禮志）（廿四正）

「魏明帝敕上」籍田依古爲制，事與古異，皆不施行……今著新科

晉宋以前著令（同上）

晉武帝大始四年詔：「近代以來，耕籍止於數步中。」空有慕古之名。

而無供祀訓農之實。而有百官車徒之費。（十九正下）

魏文帝黃初七年命中宮蠶於北郊，后蠶頒則隸請，已云更考撰

其儀（同上）（十四正）

「隋業穀唐見之，並釋。迎郎見之，座皆村校摧。……契刻並相效

也。（宋書禮志四六上）

之太子不施衷。（見晉書卷三頁三下）

自漢至宋之禮（晉書禮志九上）

梁書高句驪傳：跪拜申一脚（五〇上）行步皆走

又百濟傳：今言語服章略與高驪同。行不張拱，拜不申足則異。呼帽曰冠，襦曰複。衫袴曰褌。其言參諸夏，亦秦韓之遺俗云。（五〇下）

又新羅傳：拜及行與高驪相類。（五〇上）

魏書刁雍傳：和平六年，表曰：……宜修禮正樂。……詔令公卿集議。會高宗崩，遂寢。（卅八上）

三揔○周書宣帝紀宣政元年詔……與揔斛皆以三揔成揔（四六頁）（卷七上）

直錢賦之資，請三揔依舊用東揔也（北三頁）　大象二年，詔內

外命婦皆執笏，其拜宗廟及天臺，皆俛伏也（四七頁）（卷七上）

隋書高祖紀：開皇元年正月戊辰，詔行新禮（一頁）　仁壽二年閏

月己丑，詔……楊素……蘇威……牛弘……薛道衡……許

善心……虞世基……王劭……可並修定五禮（四八上）（卷二上）魏晉

承隋禮之紛，未見隋書禮儀志（六下）　開皇初定禮用牛弘議

見（八一頁）弘傳（四九頁）（卷十二上）

隋書宇文愷傳：伊洛……東都[illegible]傳禮書，國秦之魏，以田廿一頃，畢

百頃（四二一頁）（卷卅二下）

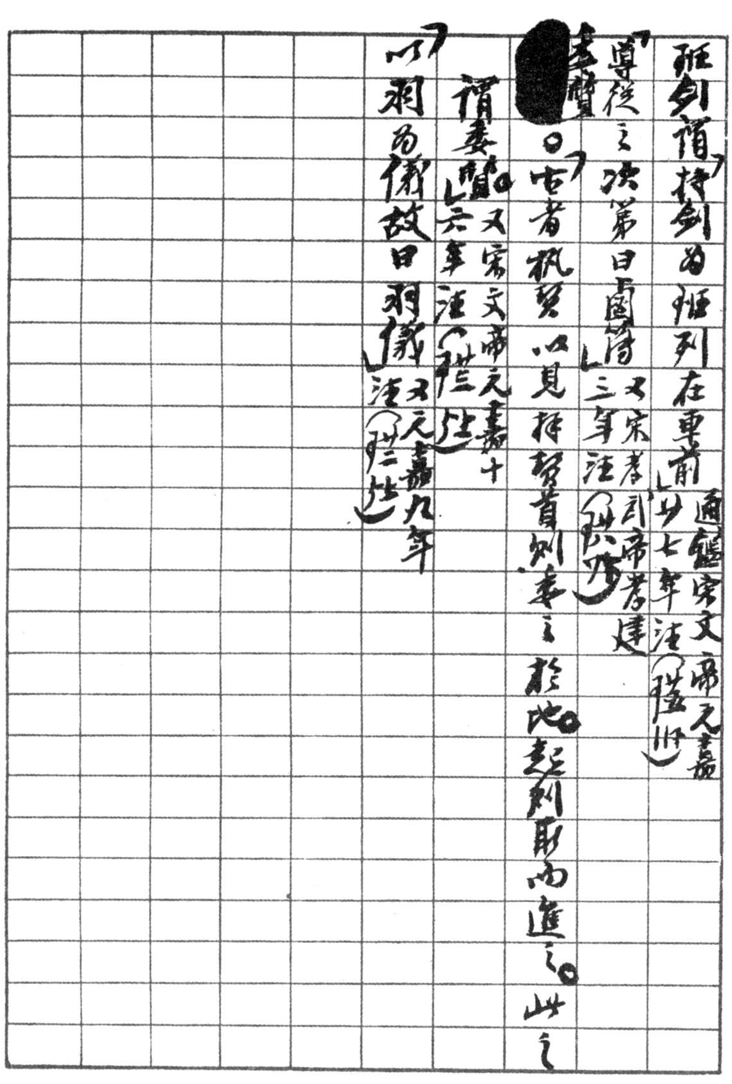

班劍　謂持劍爲班，列在車前。通鑑宋文帝元嘉廿七年注（胡注）

鹵簿　尊從之次第曰鹵簿。又宋孝武帝孝建三年注（胡注）

委版[illegible]　曰：古者執版以見，拜，稽首則委之於地，起則執而進之。此之謂委版。又宋文帝元嘉十六年注（胡注）

羽儀　以羽爲儀，故曰羽儀。又元嘉九年注（胡注）

史事

沈約所作陶潛傳多誤陶於甲子亦非不到宋淵明文非係晉

條見宋書卷九十三考證

晉元帝為牛金所生之說見宋書符瑞志（異聞）（又考證）

傳說始自古代。齊書良政傳傅琰……為山陰令……二野父

爭雞。琰各問何以食雞。一人云粟。一人云豆。乃破雞得粟。罪言

豆者。另三[illegible]

逐年依計畫

東方21/10

至依向張君研究

東方21/11

一〇三二三二時付校後今逐年依照辦今辦文發著一

萍北孔儀

水利

賑災救濟委員會

本年六月卅日國民政府所設以宋子文爲委員長九月一日開第一次會至廿一年
七月一日從事結束
購買美麥一千五百萬美斗　計價美金九二一三八二八〇六元
此年九月由國民政府與美政府立約　此項債務以其有抵
五厘附加稅償還自廿二年八月起征至償清爲止
本擬發行賑災公債八千萬後改爲三千萬然仍未發
行而另征海關附加稅一成自廿年十二月至廿一年七月止

築自沙市到岳陽沿江及沿淮漢運之堤岸共長五千基羅密達

水利

涇惠渠

疇昔我國、富廣之區最首推關中、太史公嘗謂「關中之地、於天下三分之一、而量其富、什居其六、」關中當時之富饒、可以想見矣、

沃壤之起因

察其富庶之原因、由於興辦水利、史載秦始皇時、有韓使鄭國上奏、建議造堰引涇、以澆溉關中之田畝、計四萬頃、命名鄭國渠、關中遂爲沃壤、無兇歲矣、秦之富强、厥後浚毀渠塞、灌田功用、漸趨廢弛、至漢武帝時、有趙白公者、重加修浚、移渠口以接納涇水名曰白渠、然灌溉之田、僅秦時之十分之一、約計四五千頃、與鄭國之偉迹比擬、不免有天淵之別、然收効宏而獲利博、故當時人民有歌詠頌揚其事者、歌曰、『田於何所、陽池谷口、鄭國在前、白渠起後、舉鍤成雲、決渠爲雨、涇水一石、其泥數斗、且溉且糞、長我禾黍、衣食關中、萬家之口、』視此民歌、可見當時民殷物阜、咸受此渠之惠賜多矣、

涇渠之淤廢

漢代以後、荒於浚導、渠口高而涇水抵、該渠遂完全淤廢、從此西北、水利不興、旱則赤地千里、潦則洪水爲災、直至民國十七年、陝省大旱、顆粒無收者三年、陝省人民九百萬、災民幾達七百萬、受饑饉而死者近三百萬、草根樹皮、竟作充飢之料、村鎮人口數萬者、死亡殆盡、無一生存、西安城內外、死屍遍地、有股臂肢體不全者、有被未死者食去者、誠爲數千年來未有之慘劫奇災、關中本爲最富庶之區、乎原麥浪、不減萬頃層濤、何疇昔之富庶而今日之衰廢如此、其根本原因、實由於水利之興與不興也、

引涇之灌溉

陝省大災之後、引起中外慈善家之嚴重注意、並鑒於引涇灌溉爲救災一勞永逸之根本辦法、遂提倡矣、前歲華洋義賑會長艾得敷氏、與朱子橋將軍過陝之時、亦慨陝省連年荒旱、民不聊生、咸爲水利不修所致、而引涇工程、尤爲最要、乃由華洋義賑會、捐助洋五十萬元、復由朱子橋將軍、捐助洋灰二萬袋、折現合洋十五六萬元、再由陝西省政府主席楊虎城、撥助五十萬元、按月籌墊洋四萬元、以作開鑿涇惠渠之基金、劃分全渠爲上下兩部工程、上部工程、歸華洋義賑會担任修建、下部工程、由陝省府建設廳擔任修建、於十九年十一月間開工、二十年春二月、成立釣兒嘴水利協進委員會、聘孫紹宗爲引涇工程師、遂實地勘驗劃定渠線、於是中外慈善家所提倡而人民所渴望之涇惠渠、開始興工修鑿、首期工程、可灌田百萬畝、經時一年、方全部告成、

澆灌之面積

新定之引涇計劃、以恢復趙白公之舊渠爲主、灌溉面積之劃分、定五十萬畝爲標準、計灌溉醴泉、涇陽、三原、高陵、臨潼五縣

省

各縣澆地畝數爲㊙醴泉一三千五百畝、㊁涇陽一十　萬畝、㊂三原一十萬零五千畝、㊃高陵一十三萬六千畝、㊄臨潼一七萬五千畝、

五縣之地勢

右列五縣地畝之分配、頗爲均勻、醴泉縣境、在涇河以北者、面積甚小、面積總數、不過四千餘畝、分配三千五百畝、受益頗多、涇陽佔渠之最上游、地勢優起、先受灌溉之利、故佔灌溉面積、較他縣爲多、三原北臨清峪、只清峪以南之地畝、可以灌溉、高陵土質肥沃地勢平坦、所分配之畝數、佔全面積之半、臨潼位於渠之末端、灌溉頗難收效、而被澤之田已達七萬五千畝、實已不少、此外涇河與清河之間、除去村落、墳墓、道路等地外、尙可澆灌地頃畝萬有奇、

工費之計算

全渠鑿成工費、約計共需三十七萬五千元、再加臨時特別費洋百分之十、計洋三萬七千五百元、工程費百分之十五、計洋五萬六千二百五十元、總計全部工程共需洋約四十六萬八千七百五十元整、

涇惠渠利惠

該渠鑿成後、增加之利、惠實匪淺鮮、如

㊙增加地價之利益　陝省大災之後、地價頗低、普通每畝祗售洋四五元、據云以前每畝之價、亦不過十元、將來渠成之後、既變水田、地價必隨而大漲、以每畝售洋四十元計之、每畝可增加三十元、共增加地價洋一千五百萬元、其數亦可觀也、

㊁增加收穫之利益　以澆地五千頃計算、每畝每年多收穫一石、則每年農產可增加五十萬石、每石以値洋十元計之、又增加農洋爲五百萬元、

㊂增加植物之利益　水利與森林、相互之關係綦重、有水利必有森林、故該渠鑿成之後、在灌溉流域、雜植樹木果實蔬菜等、必增加極大之收益、

褚氏之感想

國府代表褚民誼氏、此次參加陝涇惠渠於水典禮、影響極佳、謂往觀涇渠各口水閘工程、頗爲完善、涇渠水由兩山夾峙之浮谷中一瀉而出、閘可啓閉、實有益於水利之增減、農田則受惠匪淺、此第一期工程足可灌田一百萬畝、自此之後、陝省各縣當無慮荒旱之弊、余(褚氏自稱)此次遊覽華山、得風景片頗多云、

東山渠於廿一年六月二十日行放水禮式策　五月

水利

民國二十年水災

一水災之損害、去年水災之鉅、爲六十年來所未見、區域遍二十餘省、災民逵數千萬、其最烈者爲江浙湘鄂贛皖汴魯八省、本行所調查之災情如左、

省別	被災田畝	被災農戶	損失金額
湖北	二七、五三五、000	二、一三五、000	100、000、000
安徽	一三、九四0、000	二、一五五、000	四0、000、000
江蘇	六一、四三一、000	三、六二七、000	100、000、000
湖南	一三、九五0、000	一、100、000	100、000、000
河南	三四、六九五、000	一、五八六、000	六0、000、000
江西	一四、二四八、000	一、0五四、000	10、000、000
山東	四0、一二五、000	一、五四一、000	10、000、000
浙江	一五、七三六、000	九三二、000	三0、000、000
共計	三二一、六六八、000	一四、0九一、000	四五0、000、000

據國府統計局之調查、謂受灾八省被淹田畝、共二萬五千五萬萬畝、損失產米額九萬萬斤、佔全國產額百分之三十六、棉花一萬四千二百萬斤、佔全國產額百分之二十四、小米高粱十四萬萬斤、佔全國產額百分之二十九、米以每斤四分計、棉花以每斤四錢計、小米高粱每斤以三分計、共須損失四萬五千七百萬元、其數目與本行調查不相上下、

廿一年中國銀行廿年營業報告

水利

導淮委員會 二十年六月以後 於漣水陳家港設入海水道工程局 定二十一年四月十六開工實施七套至大套子口一帶工程

政院通過會議 [illegible]

標本兼治提案內容

【南京】孔財長擬具江河水患標本兼治辦法、三日行政院會議已通過 其提案辦法摘要如下、旬日以來、召集濬浦局長宋子良、揚子江水利委員會委員長傅汝霖、經濟委員會秘書長秦汾、及華洋工程人員等、悉心研討、再四籌維、擬定標本兼治辦法、以冀防止水患、兼收水利便利運輸之效、雖値國家財力艱窘、預計工程耗費鉅大、要當不避艱難、及時籌辦、

(甲)治本 ㈠長江、㈠疏濬治導、查長江河床、泥沙淤墊、以致容量日減、下游入海口、亦因淤墊日多宣洩不暢、故亟宜全盤測量、分別疏濬治導、以期增加束水刷沙之效、俾能暢於宣洩、滬濬浦局治浦已著成效、已飭其會同水利專家、妥擬工程計劃、及經費預算、㈡廢田還湖與廢田還江、查長江自宜昌至城陵磯、長約二百三四十海里之中、淤積沙灘至五十餘處之多、從前長江不聞水患、實由洞庭容量宏大、近以洞庭泥沙淤積、容量日減、當地人民、復因其沙灘漸積、增築堤垸、與水爭地、遂致湖面日益狹小、其他沿江湖沼、類此情形尙多、此爲長江汛濫之重大原因、二十年水災時、蔣委員長曾倡廢田還湖之議、實爲根本扼要之論、現由經委會擬定原則二項、㈠阻礙尋常洪水流行之河田湖田灘地、及侵佔尋常洪水停蓄量之湖沼作廢、㈡河田湖田灘地除照上述規定應廢者外、仍予保留、現擬照此辦法、通盤籌劃、分別實行、所需經費、籌集辦法、擬定㈠濬江附加、關稅自江海關至重慶關各口進出口貨物、照海關現行稅則附征百分之三、每年約可得五百六十萬元、㈡交通附捐凡鐵路輪船運費客票郵政電報等、附加百分之三、㈢沿江兩岸田畝捐歷經被災之田畝、自水災根治以後、利益甚大、擬於三年後每畝征捐一角、㈡黃河查治河之法、中外專家、建議甚多、均以需欵過鉅、未能舉辦、故歷來治河均屬補偏救弊、鮮有根本辦法、現擬於黃河上游至鄭州爲止之沿河植樹造林、兼種苜蓿、使兩岸泥沙固結、鄭州以下、兩岸築堤、以至於海、嚴密規定坡度、沿堤以內亦一律植樹造林、使河床固定節制洪水量、併從事上下游全局測量於必要地點、引水開渠、分段治導、採取放淤辦法、以期宜其壅積、增大容量、十餘年後、不惟水患可減、兼可預防旱災、擬請責成經委會妥擬辦法、及預算核定實行、

(乙)治標 查治標辦法、不外復工堵口向由經委會主辦、據秦汾察酌實際需要狀況、擬具辦法如次、㈠本年長江襄河氾濫區域、共達四千萬畝、長江幹堤決口二十一處、襄河幹堤決口八處、此中二十七處決口均在湖北境內、㈡湖北決口以鍾祥三四工段爲最大、正規畫堵築、尙未興工、需費一百餘萬元、㈢湖北其他各決口、已經堵合者五處、正在進行堵築者二十一處、共需五十餘萬元、㈣湖北堤欵現僅存十七萬元、經費一百五十餘萬元、現尙無着、但無論如何、擬仍在堤欵內設法、㈤鄂湘贛皖沿江幹堤及重要民堤、經過此次大水以後、殘缺甚多、至少限度、須照原式修復、工費約需六百萬元、水災以後、各省財政支絀、決難全部負擔、㈥擬請由中央特撥修復長江襄河幹堤補助費三百萬元、復堤工程責成各省水利機關設法辦理、㈦黃河決口僅有董莊一處、魯西泛濫區域、約達一千二百餘萬畝、前估堵口經費約需一百萬元、擬魯韓電告、需欵三百萬元、現正在切實規劃估計中、㈧黃河三省大堤、均須加以整理、又甯夏綏遠陝西各省、因黃河暴漲、受災亦重、所需善後工欵、至少在四百萬元以上、㈨關於黃河堵口及修堤等兩項、擬請由中央特撥補助費二百萬元、分交各省負責辦理、㈩以上補助揚子江黃河堵口修堤、共需五百萬元、此項治標辦法所需之欵、庫帑奇絀、擔負困難、發行公債、則基金難籌、且又不易、上述治本辦法籌集之欵、又非目前所能集事、前議鐵路郵電海關鹽務服務人員停止加薪進級一年一案、交通等部同意移充此項工賑之用、本部所管之海關鹽務稽核所擬、飭將二十四年度預算內應行加薪進級之欵、一律捐助、其鐵道交通兩部、並請飭其一律辦理、所得之欵、工與賑本屬並重、應卽察酌情形、悉數分配應用、(三日中央社電)

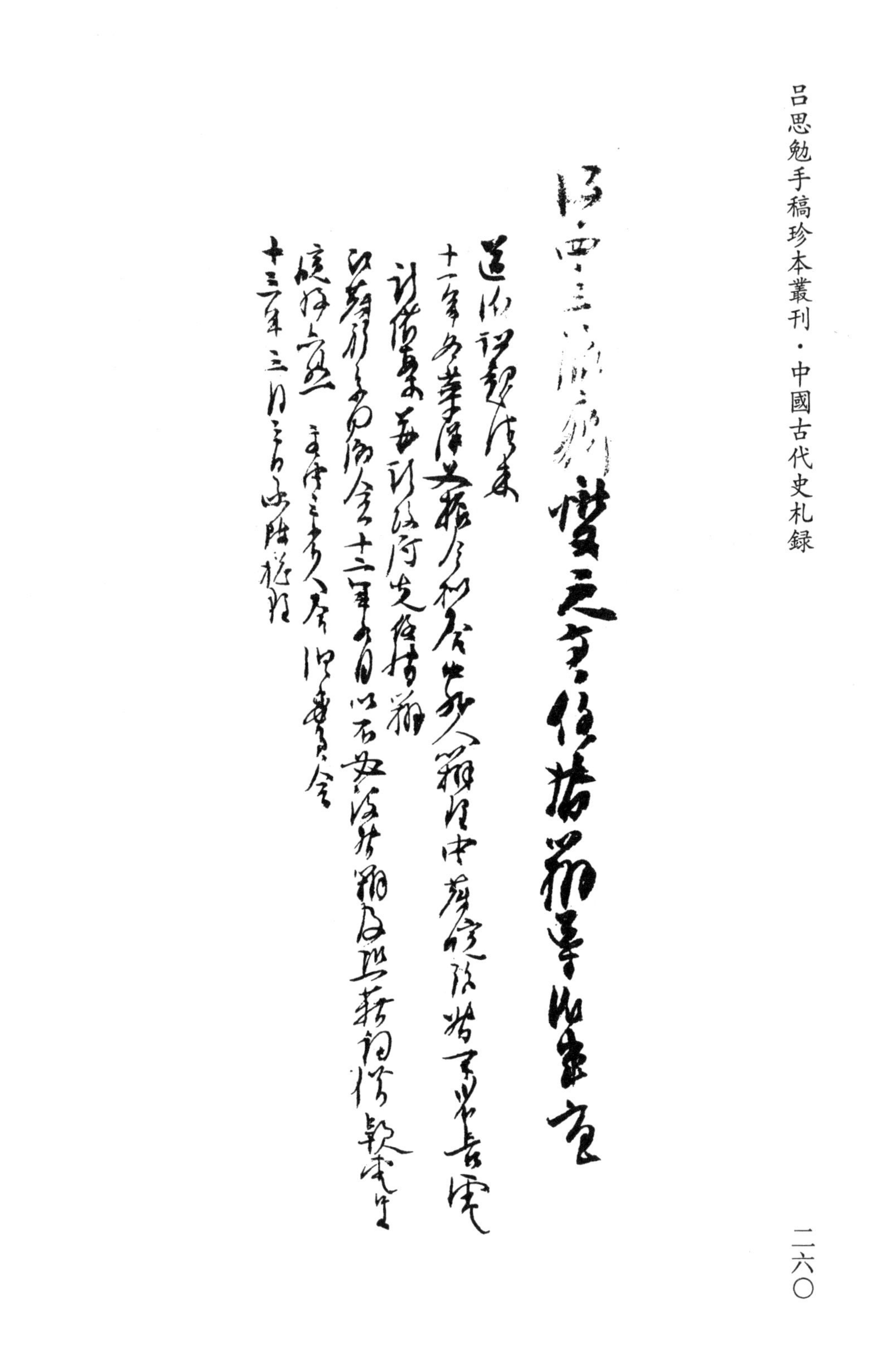

廿三年十一月一日申報

丁西國名顯

孔股，呈奉中央核准發行水利建設公債二千萬元，以六百萬元，撥充征工導淮入海工程之用。導淮工程最難解決之經費問題，至是亦圓滿解決。

本年九月，測量行將告竣，開浚工程，急待實施。乃擬具江蘇省導淮入海工程處及段工程事務所組織規程草案，並爲格外愼重起見，請由省府聘任導淮會總工程師爲顧問工程師，隨時指導辦理，提經省府委員會第六九一次會議。決議，聘函照辦，規程修正通過。又決議派許心武爲江蘇省導淮入海工程處處長，陳和甫爲副處長，戈涵樓爲總工程師。均經分別由省政府函聘令委。工程處定十月一日在淮陰成立，定期開工。一面飛電淮陰淮安漣水阜甯等四縣將廢黃河南隄一律修築平整，俾可行駛汽車，以利工事，限十月十日以前完竣。並分令江北各縣查報出產蘆蓆數量價格，以便購作搭棚伕工之用。同時省政府復分令淮陰鹽城兩區行政督察專員兼任導淮入海工程督察委員；淮陰淮安漣水阜甯泗陽鹽城寶應高郵興化東台江都泰縣等十二縣縣長兼任工程處征工委員。並分令上列各縣，應征民伕人數，限期征集，聽候調遣分配。

本年十月二日，會同財政廳分別擬具導淮入海工程處及段工程事務所二十四個月經常費預算，提經省府委員會第六九三次會議修正通過。十月八日，十六日，會同民政廳兩次召集淮陰等十二縣縣長來省開會，討論征伕進行事宜，訂定工伕管理辦法等項。頒發征伕獎懲規則，及昭告民衆書。時工程處已先於十月一日，如期成立，開始工作。所有原頒工程計劃，經工程處復加審核，認爲按照標準斷面，出土距離過遠，萬難做到。擬將原計劃兩隄距離三百五十公尺，減爲二百三十公尺，平均出土距離爲一百二十二公尺，較原計劃減短百分之三十二，工作人數日期，方可與規定符合，而於宣洩量並無影響。經咨轉導[illegible]會核准辦理。於是倡議七八十年之導淮入海工程，經半年之籌備，乃決於中華民國二十三年十一月一日實行開工矣。

抑百先猶有不能已於言者，導淮入海工程，依照導淮委員會原計劃，共需工費三千四百萬元，即此次初步工程計劃，苟非征工辦理，亦需一千六百萬元。茲乃毅然以六百萬元之欵，興一千六百萬元之工。此固由於淮禍之煎迫，不容遲回猶豫；而六塘河工美滿之成績，亦有以鼓舞而策進之也。六塘河所成之工，估計值百萬元，省府籌欵三十六萬元，僅當全部工費十之三；其餘十之五，則爲工伕之勞力；又十之二，則爲士紳協助之功。今導淮工程，省府所籌六百萬元，已超過原定一千六百萬元十之三；其餘十之六七，諒地方父老昆季爲拔除多年之宿疾隱患以謀一勞永逸長治久安計，必能忍痛掙扎，勉爲其難，與政府通力合作，上下一體；則預定二年完工，可操左券。將來工程完竣，淮海通流，高岸深槽，散濁揚清，十年數十年之後，履縣以復其故。其效果又當超越初步工程所預期；而此初步工程之發軔，乃彌足動人回憶而增益紀念之價值矣！

江北運河工程局

廿一年五月 江蘇省府會議通過設立

廿三年黄河清

因舊隋書蘇威傳隋文帝有[illegible]遣[illegible]使開令其[illegible]

水利多多令[illegible]置

以黄河水利年多令主以灌溉[illegible][illegible][illegible]

送陸費翁太傅啟

東方叩別

交通一

交通提要

「交通」一類的札録，原有三包，又分「交通上」「交通中」「交通下」「交通下（路）」「交通下（客）」「交通下（電）」「交通下（郵）」「交通下（航）」「交通下（總）」「交通」「交通」「交通（札）」和「交通」等十一札。這三包札録，大部分是吕先生從《國語》《史記》《漢書》《後漢書》等史籍上摘出的資料，也有一些是讀《日知録》《癸巳存稿》《吾學録》等書籍以及報刊雜誌的筆記。

吕先生的札録，通常在天頭或紙角寫有分類名稱，如「馬車」「馬政」「漕運」「河運」等，有些也寫有題頭。資料大多是節録或剪貼史籍原文，再注明篇名卷第；未録原文的，也在題頭下記材料出處。如第三十八册第三一一頁「凡車有轓者謂之軒」注見《齊書·輿服志》「十七3下」（即卷一七第三頁反面），第三二七頁「金根車爲殷輅之遺」注見《魏書·禮志》「百八之四10上下」（即卷一八〇之四第十頁正面和反面）。札録中有不少先生加了按語，如第三十八册第二九二頁録《宋書·禮志》資料，「勉案：此説穿鑿，五百者伍長耳」。其他如第三十八册第三四一頁、第三十九册第一二〇、一五一頁等，都有長短不一的按語。第一札中《晉書》《宋書》《南史》等資料，先生摘録時已做了比對，並用紅筆標出文字上的異同。

「交通」三包的資料，收録較多民國年間的剪報資料，此次整理只收録了一小部分；札録的手稿部分，均按原樣影印刊出。

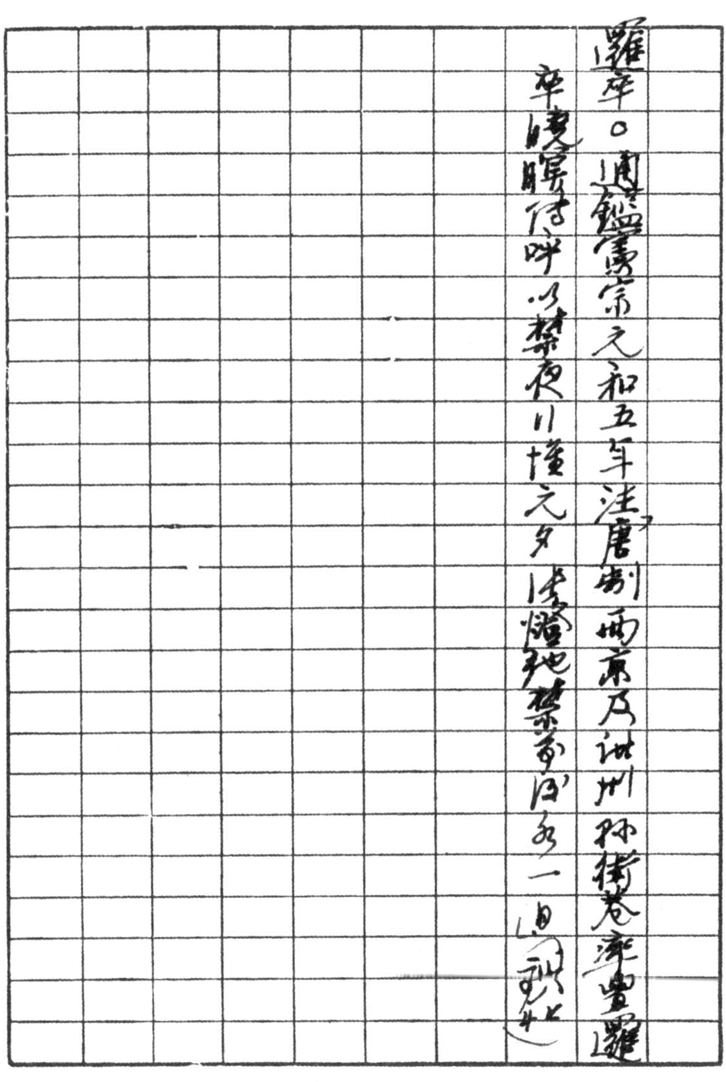

邏卒○通鑑憲宗元和五年注唐制兩京及諸州縣街巷率置邏卒晚暝傳呼以禁夜行惟元夕張燈弛禁前後各一日[illegible]

晉書王湛傳子承遷東海太守……有犯夜者。爲吏所拘。承問其故。答曰。從師受書。不覺日暮。承曰。鞭撻寧越。以立威名。非致化之本。使吏送令歸家。（卷七五）

又孝友傳孫晷……吳國富春人。吳伏波將軍秀之曾孫也……富春車道既少。動經山川。父難於風波。每行乘籃輿。晷躬自扶持。所詣之處。則於門外樹下籓屏之間隱息。初不令主人知之。（卷八八）

又袁宏傳少孤貧。以運租自業。（卷九二）

又苻堅載記自長安至於諸州。皆夾路樹槐柳。二十里一亭。四十至一驛。據川坊取給程途。工商貨販程途。百姓歡之曰。長安分衢。夾樹楊槐。下走朱輪。上有雲梯。英彥雲集。誨我萌黎。（冊二六上）

又石季龍載記。參謁陸院檢職。其後轉車不好轉籍。乃造織車千乘。轅長三丈。高一丈八尺。置高一丈七尺格。獸車四十乘。立三級川樓二層格共上。（冊六上）

又□萬百姓牛二萬餘頭取輜相將道。（冊六上）

又別造書臺舊有廄置乘傳副車倉廚。漢初承秦不改。後以費廣。稍省。故後漢但設驛置。而無車馬。律猶著其文。則為虛設。故除廄律。取其可用合科者。以為郵驛令。（冊五上）

又闞駰傳。□□字洪齋。西涼年太守。推下人士因其殘者廿有餘

西。川流石頭。諸投之水中。曰。沈此自沈。浮此自浮。殷洪喬不爲致書郵。其淺陋有至於此。（七七頁）

晉書石季龍載記。季龍志在窮兵。以其國内少馬。乃禁畜馬。匿者腰斬。收百姓馬四萬餘匹。以入於公。（[illegible]）制征士五人車一乘。牛二頭。米各十五斛。絹十匹。調不辦者以斬論。將以圖江表。於是百姓窮窘。鬻子以充軍制。猶不能赴。自經於道路。死者相望。（證）

又宣帝紀。正始三年三月。奏穿廣漕渠。引河入汴。溉東南諸陂。始大佃於淮北。（一證）

又武帝紀。泰始十年。立河橋於富平津。咸寧元年十一月。立鄴東七里澗

石橋（三八）

吳歲，鑿陽南山，決河東注沔，以通運漕。

晉書帝紀，永嘉元年，修千金堨於許昌以通運。（百二二）

又 哀帝紀，興寧二年，桓溫遣西中郎將袁真、江夏相劉岵等鑿陽儀道以通運。溫帥舟師次於合肥。（八六）

又 杜預傳：舊水道唯沔漢達江陵千數百里，北無通路。又巴丘湖，沅湘之會，表裏山川，實為險固，荊蠻之所恃也。預乃開楊口，起夏水達巴陵千餘里，內瀉長江之險，外通零桂之漕。（卅四）

又 桓沖傳……荊州刺史……移鎮上明……詔以荊州水旱饑荒，沖新移草創，歲運米三十萬斛以供軍資，須年豐乃止。（七四）

又 石季龍載記：季龍謀伐昌黎，遣渡遼曹伏將青州之眾渡海戍蹋頓城。無水而還。因戍於海島。運穀三百萬斛以給之。又以船三百艘運穀三十萬斛詣高句麗。使典農中郎將王典率眾萬餘屯田於海濱。又令青州造船千艘。（石虎載記）

季龍將討慕容皝。令司冀青徐幽并雍兼復之家。五丁取三。四丁取二。合鄴城舊軍。滿五十萬。具船萬艘。自河通海。運穀豆千一百萬斛於安樂城。以備征軍之調。（上）

晉書五行志。海西太和六年。六月。京師大水。……朱雀大航纜斷。三艘流入大江。（廿七 9下）元興……三年。二月。己丑朔。夜。濤水入石頭。漂没殺人。大航流敗。（同上）

杜預傳。預以孟津渡險。有覆沒之患。請建河橋於富平津。議者以為殷周所都。歷聖賢而不作者。必不可立故也。預曰。造舟為梁。則河橋之謂也。及橋成。帝從百僚臨會。舉觴屬預曰。非君。此橋不立也。（卷三十四）

晉書成都王穎傳……與顒將張方伐長沙……穎次朝歌……

進軍屯河南。阻清水為壘。造浮橋以通河北。以大木函盛石。沈之以繫橋。名曰石鼈。（卷五十九）

又石季龍載記。又納解飛之說。於鄴正南投石於河。以起飛橋。功費數千億萬。橋竟不成。役夫飢甚。乃止。（卷百六）

先是季龍起河橋於靈昌津。采石為中濟。石無大小。下輒隨流。用功五百餘萬而不成。季龍遣使致祭。沈璧於河。俄而所沈璧流於渚上。地

霸水淺灞上。漢所鑄錢。莫不傾壞。壓死者百餘人。李譯嘉慕。新
二匠而止作役。
晉書宣帝紀。及治白屋。有詔召帝。三日之間。詔書五至。……乃乘
追鋒車。晝夜兼行。自白屋四百餘里。一宿而至。
又食貨志。杜預上疏曰。……臣前啓。典牧種牛。不供耕駕。至於老
不穿鼻者。無益於用。而徒有吏士穀草之費。歲送任駕者甚少。
尚復不調習。宜大出賣。以易穀。及為賞直。詔曰。孳育之物。不宜
減散。事遂停寢。問主者。今典虞右典牧種產牛。大小相通。有四
萬五千餘頭。苟不益世用。頭數雖多。其費日廣。古者匹馬丘牛。
居則以耕。出則以戰。非如豬羊類也。今徒養宜用之牛。終為無

周之費。若夫事宜。東南以水田為業。人無牛耕。今從陳陂。可分種牛三萬五千頭。以付二州將吏士庶。使及春耕。穀登之後。頭責三百斛。是為化無用之費。得運水次成穀七百萬斛。此又數年後之益也。加以百姓降丘宅土。將來公私之饒。乃不可計。其所留好種萬頭。可即令右典牧都尉（右廣）主之。人多畜少。可并佃牧地。明其考課。此又三魏近甸。歲當復入數千萬斛穀。牛又皆當調習。動可駕用。皆今日之可全者也。（上冊六道）

棄頭責三百斛

責作二百斛乃為下七百萬斛一歲將餘

晉書食貨志。當時省事寬役。苟尚輕細。又數省其戎役。諸以白簿為準。蓋古者事之道也。（見後頁）

晉書五行志。惠帝太安中。江夏張騁所乘牛言曰。天下亂。乘我何
之。（九上）桓玄之國。在荆州。詣刺史殷仲堪。行至鶴穴。逢一老
公。駆青牛。形色瓌異。玄即以所乘牛易取。乘至零陵泾溪。駿駛
非常。息駕飲牛。牛逕入江水不出。玄遣人覘守。經日無所見。（十下）
又石崇傳。嘗與愷出遊。爭入洛城。崇牛迅若飛禽。愷絶不能及。（卅）
三九下
又義陽成王望傳。宣帝弟安平獻王孚子。時魏高貴鄉公好才愛士。望與裴秀王
沈鍾會並見親待。數侍宴筵。公性急。秀等居内職。急有召便至。
以望在外。特給追鋒車一乘。虎賁五人。（卅七上）
又譙閔王承傳。為湘州刺史。時湘土荒殘。公私困弊。承躬自儉約。

函芬英車 四〇一

晉書王導傳：妻曹氏。……甚憚之。乃密營別館，以處眾妾。

曹氏知，將往焉。導恐妾被辱，遽令命駕。猶恐遲之。以所執麈尾

柄驅牛而進。（下略）

又紀瞻傳：召拜尚書郎。與顧榮同赴洛。……至徐州，聞亂日甚，將

不行。會刺史裴盾得東海王越書。若榮等顧望，以軍禮發遣。乃

與榮及陸玩等各解船棄車牛。一日一夜行三百里。得還揚州。

（下略）

又陸顗傳：父許。立宅起門。顗曰：當使容駟車。許笑而從之。任當郡

督郵，檢擭隱匿戶三千人。召為一郡大最。太守劉享拔為主簿。州

破部從東。乘馬東逝。家室蕩之。（七一）昔人歸陳國

晉書石季龍載記：咸康二年。使牙門將張彌徙洛陽鐘虡、九龍、翁仲、銅駝、飛廉於鄴。鐘一沒於河。募浮沒三百人入河。繫以竹絙。牛百頭。鹿櫨引之。乃出。造萬斛舟以渡之。以四輪纏輞車。轍廣四尺。深二尺。運至鄴。（卷一百六）

又慕容寶載記：寶至參合。見往年戰處。積骸如山。設弔祭之禮。死者父兄一時號哭。軍中皆慟。寶慚憤嘔血。因而發疾。與馬輿而進。（卷一二四）

又劉曜載記：……遂攻仇池。……疾甚。馬輿而還。（卷一〇三）

又段龕（附石勒載記）以馬輿之（卷一〇五）

習於石季龍（載記）。永興中，與勒相失。後劉琨送勒母王及季龍於葛陂。時年十七矣。性殘忍，好馳獵，游蕩無度。尤善彈，數彈人，軍中以為毒患。勒白王，將殺之。王曰：快牛為犢子時，多能破車，汝當小忍之。（石虎傳）

又慕容氏載記：陽鶩性儉約，常乘弊車瘠馬。（陽鶩傳）

又姚興載記：先是，傉檀獻興馬三千匹，羊三萬頭。興以為忠於己，乃署傉檀為涼州刺史。徵涼州刺史王尚還長安。涼州人申屠英等三百餘人遣主簿胡威詣興請留尚。興弗許。引威見。威流涕謂興曰：……前以馬供軍國，直惜為方一簿，三千餘家，户換一匹。陛下乃謂何故以一方委此羌胡。（張駿）

晉書呂光載記：光自西域還，以駝二萬餘頭致外國珍寶，及奇伎異戲。殊禽怪獸，千有餘品。駿馬萬餘匹。（一九上）

又王獻之傳：嘗經吳郡，聞顧辟疆有名園，先不相識，乘平肩輿而入。（八〇下）

又隱逸傳：陶潛，刺史王弘……要之還州。問其所乘，答曰：素有腳疾，向乘籃輿，亦足自反。乃令一門生二兒共轝之至州。（九四下）

又列女傳：王凝之妻謝氏，字道韞。……遭孫恩之難，舉厝自若。既聞夫及諸子已為賊所害，方命婢肩輿，抽刀出門。亂兵稍至，手殺數人，乃被虜。（九六上）

又王濬傳：武帝謀伐吳，詔濬修舟艦。濬乃作大船連舫，方百二

十步。受二千餘人。以木為城。起樓櫓。開四出門。其上皆得馳馬

來往。又畫鷁首怪獸於船首。以懼江神。舟楫之盛。古今未有。可

（二、四上）

當時有無慮得……盧循遣別帥徐道覆順流而下。舟艦皆重樓。無慮

將章象距之。長安鄭僧之語見。……閱其舟艦大盛。……宜安

破西陽守二城以待之。……無風不從。遂以舟師距之。……赤

風暴急。無具兩無小艦被飄東岸。賊乘風以大艦逼之。眾遂奔

敗。[illegible]

又晉書幸靈傳……樊長賓為建昌令。發百姓作官船於建城山

中。……（九五、八上）

晉書慕容垂載記。伐釗翟遼子於滑臺。次於黎陽津。釗於南岸距守。

……徙營就西津。為牛皮船百餘艘。載疑兵列杖。溯流而上。

541

又馮跋載記……自晉人褚匡言於跋曰。陛下至德應期。龍飛東夏。舊邦宗族。傾首朝陽。以日為歲。若聽臣往迎。致之不遠。跋曰。隔絕殊域。阻迴數千。將何可致也。匡曰。章武郡臨海。船路甚通。出於遼西臨渝。不為難也。跋許之。……匡尋與跋從兄買從弟睹自長樂率五千餘戶來奔。匡長樂信都人。（跋傳）

又惠帝紀。王浚遣烏丸騎攻成都王穎于鄴。大敗之。穎與帝單車走洛陽。服御分散。倉卒上下無齎。侍中黃門被囊中齎私錢三

平。給貸田。所在置館。以供官人。止宿於道中客舍。（同上）

晉書明帝紀。太寧二年六月。敦將舉兵內向。帝密知之。乃乘巴滇駿馬。微行至于湖。陰察敦營壘而出。……馳去。……見逆旅賣食嫗。以七寶鞭與之。曰。後有騎來。可以此示也。俄而追者至。問嫗。嫗曰。去已遠矣。因以鞭示之。五騎傳玩。稽留遂久……（六上）

又樂志。拂舞歌詩碣石篇。逆旅整設。以通賈商。（卅三上）

又劉寔傳。寔少貧窶。杖策徒行。每所憩止。不累主人。薪水之事。皆自營給。（四一上）

又潘岳傳。駁官權議。（五五上）

晉書孝友傳：桑虞……魏郡黎陽人也……嘗寄宿逆旅，同宿客失脯，疑虞爲盜，虞默然無言，便解衣償之……諸兄仕於石勒之世，咸登顯位，惟虞恥臣非類，陰欲避地海東……後石勒以爲武城令，虞以密邇黃河，去海微近，將申前志，欲遂就職。（六八〇上）

又夏方，吳時拜仁義都尉，累遷五官中郎將，朝會未嘗乘車，行必讓路。（六八二下）

又良吏傳：胡威……父質……仕魏至征東將軍、荆州刺史……質之爲荆州也，威自京都定省，家貧，無車馬僮僕，自驅驢單行。每至客舍，躬放驢，取樵炊爨，食畢，復隨侶進道。（六九二上）

晉書隱逸傳。劉驎之。南陽人。居於陽岐。在官道之側。人物來往。莫不
投之。驎之躬自供給。士君子頗以勞累。更憚過焉。（卷九四）
又盧欽傳。武帝受禪。以為都督沔北諸軍事平南將軍假節。給追
鋒軺臥車各一乘第二駙馬二乘騎具刀器御府人馬鎧等及
錢三十萬。（卷四四）
又劉卞傳。少為縣小吏。功曹夜醉如廁。使卞執燭。不從。功曹銜之。以他
事補亭子。有祖秀才者。於亭中與刺史箋。久不成。卞教之數言。
卓犖有大致。秀才謂縣令曰。卞公府掾之精者。云何以為亭子。
令即召為門下史。（卷卅六）
又劉毅傳。轉司隸都官從事。毅將彈河南尹。司隸不許。……按傳

兩漢。（可互證）

晉書儒林傳：徐苗。……曾祖華。有至行。嘗宿亭舍。夜有神人告之亭將崩。宜出。得免。（可一證）案苗祖邵為魏尚書郎。則華學人

又郤詵傳：詵母病。苦無車。及亡。不欲車載柩。家貧。無以市馬。乃於所住堂北壁外假葬。開戶。朝夕拜哭。養雞種蒜。竭其方術。喪過三年。得馬八匹。輿柩至家。負土成墳。（可互證）

又鄭袤傳：子默出為東郡太守。值歲荒人飢。默輒開倉振給。乃舍都亭。自表待罪。（可互證）

又賀循傳：時江東草創。盜賊多有。帝思所以防之。以問於循。循答曰。……沿江諸縣各有分界。分界之內。官長所任。自可度土分

加多置亭候。恒使徼行。……按漢制十里一亭。……當今雖不訓練。亟宜籌畫。使與之相聞。……（晉元帝時）按據此可見十里一亭之制已不存矣

晉書明帝紀。太寧二年七月。壬申朔。敦遣其兄含及錢鳳周撫鄧岳等水陸五萬至于南岸。溫嶠移屯水北。燒朱雀桁以挫其鋒。

成帝紀。咸康二年十月新作朱雀浮桁。

孝武帝紀。太元十三年十二月戊子濤水入石頭。毀大桁。殺人。十七年六月甲寅濤水入石頭。毀大桁。又寧康元年。三月癸丑。詔除丹陽竹格等四桁稅。

宋書沈度傳。沈度吳郡吳人。陸仲之地。……第五真。元嘉十

年。為海陵太守。中書舍人秋當為太祖所信愛。家在海陵。假還葬。橋路毀壞。不通喪車。縣求發民修治。子真不許。由此彭城王義康聞而善之。（宋三七 南史三〇之八上）

宋書隱逸傳。陶潛。江州刺史王弘欲識之。不能致也。潛嘗往廬山。弘令潛故人龐通之齎酒具於半道栗里要之。潛有脚疾。使一門生二兒舉籃輿。既至。欣然便共飲酌。俄頃弘至。亦無忤也。（宋九三 六上）

宋書孝武帝紀。大明五年九月丙申。初立馳道。自閶闔門至於朱雀門。又自承明門至於玄武湖。（宋六 南史二 9上）

又前廢帝紀。大明八年七月乙卯。罷南北二馳道。（宋七上 南史）永光元

年。改景和元年八月。己丑。復立南北二馳道。（宋七前廢紀）南史七作

宋時謂州郡為本州。以陸驛數見州郡志

宋書前廢帝紀。永光元年春。正月。……乙巳。省諸州臺傳。（宋七作）

宋書孝武帝紀。孝建三年夏。五月。辛酉。制荊徐兗豫雍青冀七州

統內。家有馬一匹者。蠲復一丁。（宋六作）二……史

宋書周朗傳。世祖即位。……普責百官讜言。朗上書曰。……且夫

戰守之法。當恃人之不敢攻。頃年兵之所以敗。皆反此也。今人

知不以羊追狼。蟹捕鼠。而令重車弱卒。與肥馬悍胡相逐。其不

能濟。固宜矣。漢之中年能事胡者。以馬多也。胡之後服漢者。亦以

馬少也。既兵不可去。車騎應蓄。今宜募天下。使養馬一匹者。蠲

一人御。三足以降一人而更。自此以逮，階等有差。邊亭傳驛。一
無聲勢。……轉車の十方而圍中不擾。取數支二十周而遠
若不驚。然後越[illegible]同。騎龍出蓬。以向遁而不可。（今二4上）
指南車 晉代又有指南舟 記里車 轉車 常劉裕興御之式
使人挽車，舊名不[illegible] 貴賤皆得乘之。 未知何代去其輪
犢車即輜 魏晉御小出常乘馬，亦多乘輿車之。今之小
輿 犢車輜軿之流，漢諸侯賤者乃乘之，其後轉見貴。 其[illegible]
代，歷轄車而貴，輜軿觀晉以後輜軿而貴輜車 進[illegible]事以輜車
而皆馬 雲母車 以雲母飾犢車，臣下不得乘，時以賜王公。（十八）
金根車，古曰桑根車，即殷之路，又曰即周之金路。（原同上） 五時副

[illegible]輜車[illegible]羊馬車[illegible]皆乘之

車假語為五帝車樓閣空路　安車坐乘婦人車皆坐乘旋圍

驂王后之安車而重翟漢制書興乃有之　衛車高在鄭注

（證）同上　軿車之屬同上　輜車有衣蔽無後轅有後轅謂之

輜（證）　漢制貴人以五重牙乃賀之（證）古辭　漢制皇子皆安

車（證）　高車即立乘車（證）

千乘萬騎屬車八十一乘　最後一車懸豹尾〃〃以前比于省中

中　雲罕非旌旗　相風　旌頭罕旗皆志（甲八證）　屬車路十二乘（證）

車　闟車（同上）（證）

皆以雕校此皆古輜輦萬蕐輕車（甲八證）（同上）

皆令乘傳出使書遺書以上印自表閣結以白服專驛車到副拔使

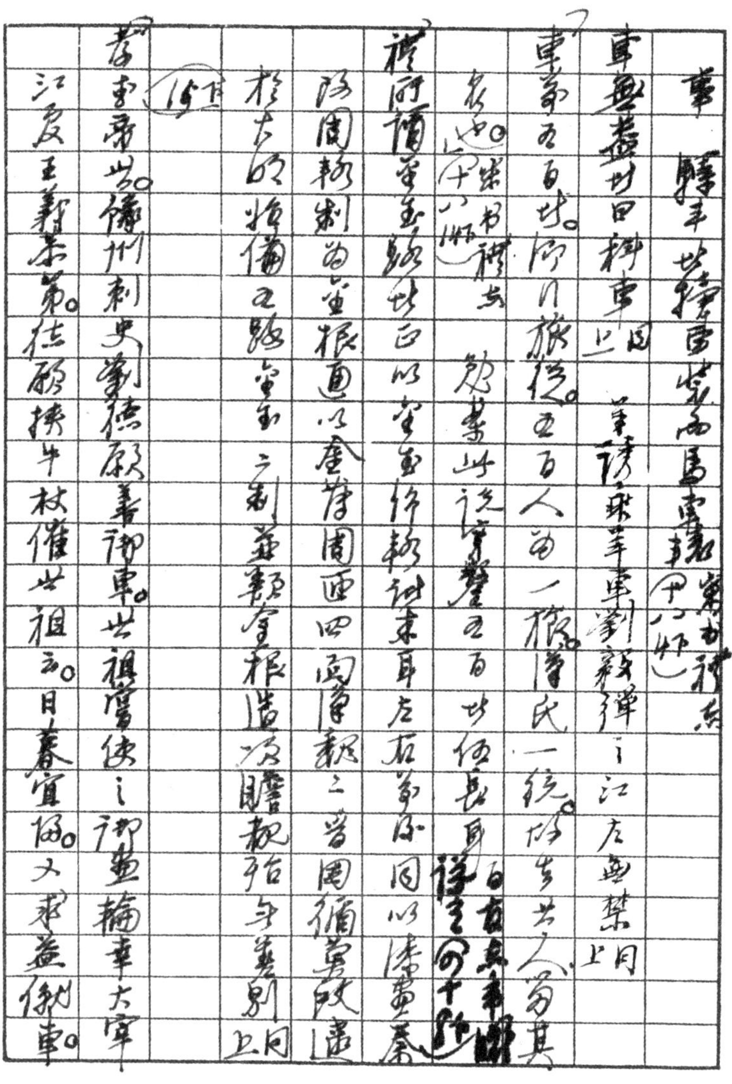
車　輦車、其樓雷紫而馬麾車（甲八頁）宋書禮志

車無蓋，廿日耕車。以　畢讀宋朱年策劉毅傳，江左無禁。同上

車前五百步。何以旅從。五百人爲一旅。周氏一統，去其人，爲其

衣也。（甲十八頁）宋書禮志　勉案：此說實謂五百步須長耳。百官與車騎詳之（甲十八頁）

禮府舊章，五路外，以金重紒，紺宗耳，左右前後同，以續實泰

路周執，劃為金根，通以金，華周西四面，當周編，蒼道遠

根本，路輔五路，金之制，並異。今金根造及制，未來。同上

（15下）

孝武帝時。豫州刺史劉德願善御車。世祖嘗使之御畫輪車，太宰

江夏王義恭第。德願挾牛杖催世祖云。日暮宜歸。又求益僦車。

世祖在藩，此車與濟陽董帝西園蕃松鐘同也。（四67）宋書符志

宋書五行志：桓玄之國在荊州，詣刺史殷仲堪，行於鶴穴，逢一老公，驅青牛，形色瓌異。桓玄即以所乘牛易取。乘至零陵涇溪，駿駛非常。因息駕飲牛，牛徑入江水不出。玄遣人覘守，經日無所見。（同五行志）

又宋文帝元嘉三年，司徒徐羨之大兒喬之，行欲入廣莫門，牛徑將入廷尉寺。左右禁捉不能禁，入乃得出，明日被收。（上同）

又劉懷慎傳：子德願，善御車，嘗立兩柱，使其中劣通車軸，乃於百餘步上振轡長驅，未至數尺，打牛奔，從柱間直過，未嘗有礙。孝武聞其能，為之乘畫輪車，幸太宰江夏王義恭第。德願岸著籠

冠絳朱衣。執儀衛上。嘗有客此。（卷四五列下）南史十七列上

宋書江湛傳：家甚貧約……牛餓，馭人求草，湛良久曰：可與飲。（七一列下）（南史卅六列）

又顏延之傳：子竣既貴重，權傾一時。凡所資供，延之一無所受。器服不改。宅宇如舊。常乘羸牛笨車。逢竣鹵簿，即屏住道側。又好騎馬。遨遊里巷。遇知舊，輒據鞍索酒。得酒必頹然自得。（卷七三列上）（南史卅四列下）

又鄧琬傳：以子勛稱帝，取子勛所乘車，除脚以爲輦。置僞殿之庭。其戶有榻橋，其中猶存其號。（八四列下）

又殷琰傳：太宗遣劉勔、呂安國西討。劉順等拒之。順，琰所遣中兵參軍。杜叔寶送食，叔寶乃發車千五百乘，載米餉順。安國等鈔

之撓米東。距牛二千餘斛而還。（八七　4上）

宋書武帝紀上：道覆建府。方治水軍。造大艦重樓。高者十餘丈。（盧循）（一　9上）

又五行志：安帝元興二年十二月。桓玄篡位。其明年二月庚寅夜。濤水入石頭。是時。貢使商旅。方舟萬計。漂敗流斷。骸胔相望。

江左（已）雖有濤變。未有若斯之甚。（卅三　4下）

又晉海西太和六年。六月。京都大水。平地數尺。浸及太廟。朱雀大航纜斷。三艘流入大江。（卅三　3下）

通鑑注云：……

朱雀桁。即大航也。以其在朱雀門外。故名。又云：秦淮南北岸。以濟川人。大航所由也。桁與航同。（卷一〇一　考證）

南史褚淵傳：淵薨。澄以錢萬一千。就招提寺贖太祖（高帝）所賜淵白雅性儉素。牀帷作素及纓。又讀闕有情厚等。及閱書所撰卷半。承欣之年。為御史中丞袁彖所奏。免官禁錮。見原。(廿三 4上)南史 廿六 4上

又於王瑩傳。建元四年。太祖崩。瑩聞國諱。牛不在宅。去臺數里。遂步行入宮。朝士咸稱之。如實得牛。有損國諱。今日奔赴。皆自應爾。(廿三 4下)南史 三 5下

又高祖十二王傳。武陵昭王曄。冬節問訊。諸王皆出。曄獨後來。上已還便殿。世祖閱曄手。引見問之。曄稱牛羸不能取路。上敕車府給副御牛一頭。敕主客。問今諸王來不隨例者。不得復爾。(卅 出)

(又 2下)南史 四三 2下

又褚超遠傳。司徒褚淵送湘州刺史王僧虔。閣道壞。墜水。僕射王

倫常牛犢跳下車。趙宗儒掌笑斷曰。落水三公。隋車[illegible]（卌五傳）

子弟蕭昌先付從子大祖遺言曰……私馬有二十餘匹。牛數頭。可皆將去十匹。牛二頭上臺。馬五匹。牛一頭奉東宮。大司馬司徒各奉二匹。驃騎鎮軍。各奉一匹。（卌六傳）

又顧憲之傳。永明六年。爲隨王東中郎[illegible]長史。行會稽郡事。時西陵戍主杜元懿啟。吳興無秋。會稽豐登。商旅往來。倍多常歲。西陵牛埭稅。官格日三千五百。元懿如即所見。日可一倍。盈縮相兼。略計年長百萬。浦陽南北津及柳浦四埭。乞爲官領攝。一年格外長四百許萬。西陵戍前檢稅。無妨戍事。餘三埭自舉腹心。世祖敕示會稽郡。此詎是事宜。可訪察即啟。憲之議曰。尋始立

檢書文度。有寵於子弟。爲於(?)
世主。鄰所從
權資之意
郡即已除
之。……

牛埭之意。非苟逼僦以納稅也。當以風濤迅險。人力不捷。屢致膠溺。濟急利物耳。既公私是樂。所以輸直無怨。京師航渡。即其例也。而後之監領者。不達其本。各務己功。互生理外。或禁遏別道。或空稅江行。或撲船倍價。或力周而猶責。凡如此類。不經埭煩牛者。上詳被報。格外十條。並蒙停寢。從來諠訴。始得暫弭。案吳興頻歲失稔。今茲尤儉。去之從豐。良由饑棘。或徵貨貿粒。還拯親累。或提攜老弱。陳力餬口。埭司責稅。依格弗降。舊格新減。尚未議登。格外加倍。將以何術。皇慈恤隱。振廩蠲調。而元懿幸必榷利。重增困瘼。人而不仁。古今共疾。且時見加格置市者。皆相競。淮憶新加無贏。並皆當榷騰竊。莫思之譏。今既。亦言不

隋。若董不副言，增賂遺請，便百方侵害。留公賞恩，未嘗重財[illegible]

訛。舉動雅致，任情物表，羣小不[illegible]，其所引筆[illegible]心。亦皆嚴而[illegible]

冠耳。……（卷四三 南史 廿五 7上）

又齊明七王傳：江夏王寶玄[illegible]之，元年，昭胄、崔慧景舉兵……開

門納慧景。……乘八掆輿，手執絳麾幡，隨慧景至都。（卷四十四 南史 卌四 6下）

又蕭穎傳：江淹館國子助教，乘牽車子，梁島敗，見者為[illegible]。下車

[illegible]記，行自若。（卷五上）

又魏虜傳：曾部尚書加牛馬騾驢（卷七上）

梁書韋叡傳：叡素羸，每戰未嘗騎馬，以板輿自載，督厲眾軍。（卷十二上）

又范岫傳：……遷出為[illegible]與內史。……[illegible]常[illegible]，[illegible]多[illegible]。

第內史皆以兵力自衛。嘗入境。據以自給。封尋侯。高固霸宿郡

中積之神蹟。（十三上）

梁分陸宣傳至西郡居蓋分之事。又青齊之道衝要。刺史張稷通。軍府

遠隔。多所彰畫。邀齊緣路聚糧食。種蔬菜。川北諸郡給給。山南巴郡初

西巴巴郡（二）

大（十七上）南史

寶（四六下）

又太祖王僧安陸康王秀為江州刺史。將發。主吏求坐船以為

天監六年

齋艤。秀曰。主豈愛財而不愛士。乃發所中以安於給參佐。下

載齋物。既而遭風。齋艤遂破。及至州。……時盛夏水汎長。津梁

斷絕。外司請依舊僦度。收其價直。秀教曰。刺史不德。水潦為患。

可利之乎。給船而已。（卅二下）南史五二下

梁书大祖五王传鄱阳忠烈王恢。天监十三年，迁……益州刺史。
……成都去新城五百里，陆路往来，恒订私马，百姓患苦，累政
不能改。恢乃市马千匹，以付所订之家，[illegible]其所须，有用则以次
发之，百姓赖焉。（卅二 六上）南史 五二 卅
又阮山宝传：山宝性笃实，家中尝乏用，货所乘牛。既售受钱，乃谓
买主曰：此牛经患漏蹄，治差已久，恐后脱发，无容不相语。买主
遽追取钱。（四四 廿上）南史 五十 廿一
又文学传：周兴嗣尝步自姑孰，投宿逆旅，夜有人谓之曰：子才学
迈世，初当见识贵臣，卒被知英主。言终不测所之。（四九 九上）
又王籍……尤不得志，遂徒行市道，不择交游。（五十 六上）

梁書良吏傳沈瑀：湖熟縣方山埭高峻，冬月，公私行侶，以爲艱難。明帝使瑀行治之。瑀乃開四洪，斷行客就作三日，立辦。（五三 8上）

陳書世祖紀：天嘉元年九月，景申，詔省大航。（三 6下）

又宣帝紀：太建十一年十二月己巳，詔曰：……並以旗亭關市，稅斂繁多，不廣都内之錢，非供水衡之費，逼遏商賈，營謀私蓄。……市估津稅，軍令國章，更須詳定，惟務平允。……（五 9上）

又徐陵傳：太清二年，……使魏……了受梁元帝承制於江陵，復通使於齊。陵累求復命，終拘留不遣。陵乃致書於僕射楊遵彥曰：……又兵家遣使，脫有資須，本朝非隆平之時，遊客寡……皇華之勢，輕裝將宿，非勞聚橐之儀，微騎歸裝，寧望輶軒之禮。

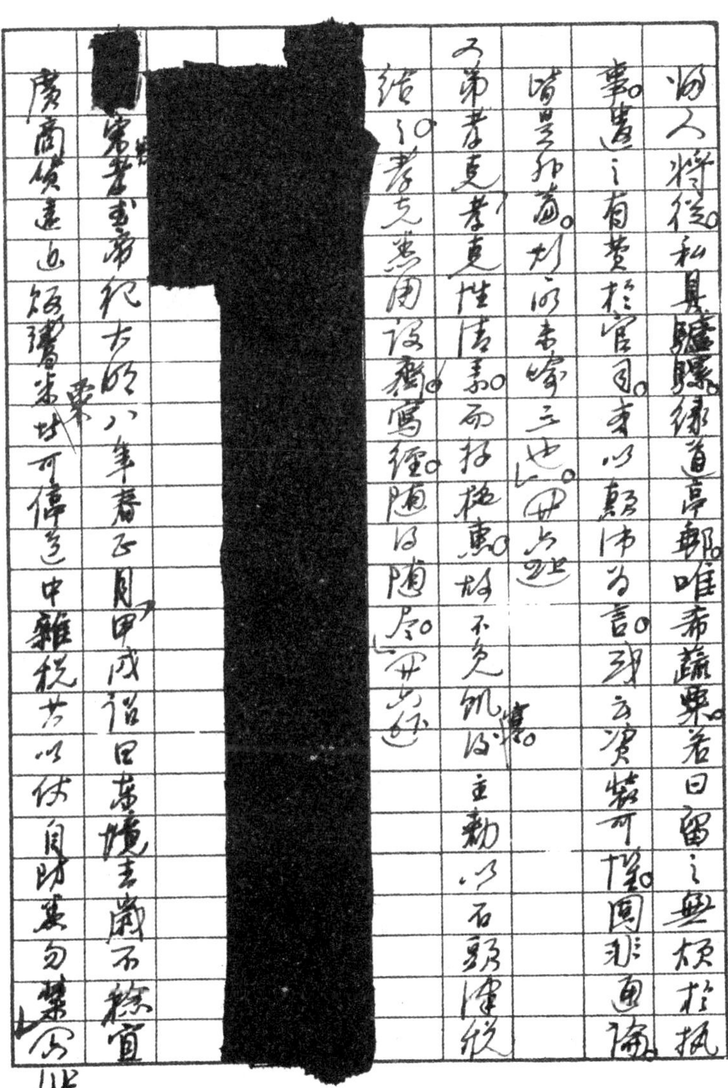

游人將從。私具驢騾。緣道亭郵。唯希蔬粟。若曰留之無煩於執事。遣之有費於官司。吏以難沛為言。殊乖賓檄可憐。固非通論。皆是邪謬。判所由論之也。（冊府元龜）

又弟孝友。孝友性清和而好施惠。時不免飢寒。以主勸以石頭津稅給之。孝友無用設齋寫經。隨得隨盡。（冊府元龜）

晉書武帝紀太始八年春正月甲戌詔曰吾境去歲不稔宜廣商貨遠近販鬻米粟者可停道中雜稅皆以仗自防其勿禁。（此南史文）

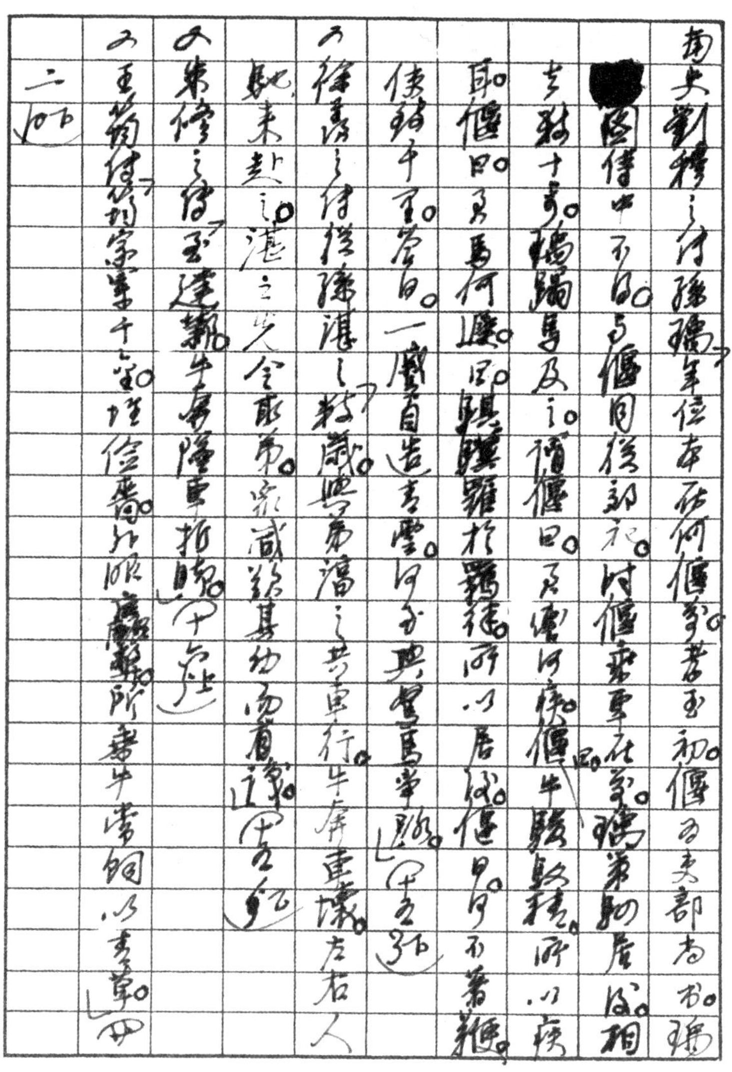

南史劉穆之傳：孫瑀年位本在何偃前。至是偃爲吏部尚書。瑀[illegible]御史中丞。與偃同從郊祀。時偃乘車在前。瑀策駟居後。相去數十步。瑀驅馬及之。謂偃曰。君轡何疾。偃曰。牛駿馭精。所以疾耳。偃曰。君馬何遲。曰。騏驥羅於羈絆。所以居後。偃曰。何不著鞭。使致千里。答曰。一蹙自造青雲。何至與駑馬爭路。（卅五紀）

又徐羨之傳：徐湛之精藏與弟淳之共車行。牛奔車壞。左右人馳來赴救。湛之先令取弟。衆咸嘆其幼而有識。（卅五紀）

又朱修之傳：孫建[illegible]。牛奔墮車折脚。（卅六紀）

又王[illegible]傳：[illegible]門宗寡千室。性儉畜。衣服麤敝。所乘牛常飼以青草。（卌）

二〇

南史王准之傳：准之孫猛，遷晉陵太守。威惠兼舉。姦盜屏跡。富商野次。云"以付王府君。"郡人歌之。以比漢之趙廣漢。（廿四/7上）

又褚彥回（淵）傳：子賁，彥回薨，服闋。……與弟蓁，仍居墓下。及王儉薨，乃騎水牛出市。以繫牛門外柱。入吳居家而逝。（廿八/8下）

又江智淵傳：初，上（武）宋孝寵姬宣貴妃殷氏卒。使群臣議謚。智淵上議曰"懷"。上以不盡嘉號，甚銜之。因車駕幸南山。乘馬至殷氏墓。群臣皆侍從。上以馬鞭指墓石柱謂智淵曰："此柱上不容有懷字。"智淵益惶懼。以憂卒。（卅六/7上）

又宗慤傳：有佳牛。堪進御。官買不肯賣。坐免官。（卅七/9上）

[illegible]艦（見上卷）

南史歐陽傳：大建中，[illegible]達[illegible]之，[illegible]遂第[illegible]水[illegible]，新康有[illegible]遺其。皆

呂令彭亭。數白[illegible]兒。陰家[illegible]錢之絶。所傳怪聞其故。陵知[illegible]

有東牛[illegible]可畫。[illegible]家有可畫不。若內繪其山。（見三卷）

又王僧辯傳：初，陸納（湘州賊）造大艦一，名曰三王艦，邵陵王、河東王、桂陽嗣王三人，並爲元帝所害。納之立像於艦，將以太牢加其節，蓋用儀鼓吹，[illegible]之以求福。又造二艦，一曰青龍艦，一曰白虎艦，皆衣以牛皮，並高十五丈。選其中尤勇健者乘之。

（見三上）

又循吏傳：何遠……爲武康令。……太守王彬巡屬縣，諸縣盛供帳

以傳舍至宣廣。書檄往復，比而已。檄書，書遠道至境，會遠(?)升(?)浮集楫(?)
而別。檄書曰：「仰禮省送，陰納，將不爲古人所笑乎。」（見七十頁）
南史(?)郭祖深傳：普通七年，改南州津爲南津校尉，以祖深爲
之。……時皆王侯勢家也，入津不爲憲綱，恃藏亡命。祖深搜檢
姦惡，不避強禦，動致刑辟。（見七十頁）
又文學傳祖沖之：以諸葛亮有木牛流馬，乃造一器，不因風水，施
機自運，不勞人力。又造千里船，於新亭江試之，日行百餘里。（見七
二頁）
又顏協傳：協家雖貧素，而修飾邊幅，非車馬未嘗出遊。（見七二頁）
又蕭韶(?)傳：蕭韶……以清謹，仕爲安陸令，卒官。庭……翁(?)表(?)。安(?)

宿江渚。商侶不無聞其呼聲。（七四）五下　業書附商人舟以行

牛杖。見宋書五行志（卅）六下

飛橋。魏書李崇傳：……魏中山王元英寇圍徐州……爲橋道……

……曹景宗……拒之。使邵陽洲築壘相守。……詔叡率衆……

與會焉。叡自合肥逕道出陰陵大澤。值澗谷。輒飛橋以濟師

（二）三下

宋書武帝紀：盧循徐道覆連旗而下。別有八槽艦九枚。起四層。高

十二丈。（二）八下　以還東府。大治水軍。皆大艦重樓。高者十餘丈。

（二）九下

又朱脩之傳：時魏虜伐弘。馮弘表說弘遣脩之歸求救。遂遣之泛海。

至东莱。遇極風。柁折。乘以長索。船乃復正。海師望見飛鳥。知其
近岸。須臾至东莱。（王六註）
凡車有轓者謂之軒（晉書輿服志（甲七註））
車輅之制。至隋始變。（隋書輿服志殿本考證（卷十七））
梁書武帝紀天監六年八月京師大水。因濤入。加御道七尺。（三五註）
陳書華皎傳……授……湘州刺史。……文帝以湘州出杉木舟。
使皎營造大艦金翅等二百餘艘。并諸水戰之具。欲以入漢及
峽。韓子高誅。皎内不自安。繕甲聚徒。厚禮所部守宰。高宗頻
命皎送大艦金翅等。推遷不至。……以吴明徹為湘州刺史。
……慮皎先發。乃前遣明徹率衆三萬。乘金翅直趨郢州。又遣

——艢千艘乘霜五萬。乘大艦以徑江（以上）

候道。通鑑宋文帝元嘉三十年，王僧達……自候道南奔。注：候道，伺候邊上警急之道也。今緣路列置烽臺者，即候道（又附）

江之內外路。通鑑宋明帝泰始二年，劉胡[illegible]於江外夜趣錢溪。注：江中洲嶼節節有之，舟行附南岸者謂之內路，附北岸者謂之江外路（以上）

鶻舫　烏龍舫。通鑑梁元帝承聖元年，侯子鑒以鶻舫千艘載戰士。注：類篇曰：鶻舫，船長貌。又蒿曰：鶻舫，小船也。[illegible]按：王僧辯借鶻舫，其中載士，兩邊悉八十棹，棹手皆越人，去來趣襲，（過）風雷。蓋今之水哨馬，即其類。考異曰：典略作烏龍舫千艘。今從梁書（孫の下）

百丈○通鑑晉安帝義熙十三年注「百丈者所以挽船，今西人因麻枯材人以竹爲之。陸游曰：蜀人百丈以巨竹四破爲之，大如人臂」（一一八下）

「潛川，水底曰陝川」通鑑晉元帝建武元年注（九十三下）

馬道○「馬道者，築道可以馳馬[illegible]之」通鑑晉康帝建元二年注（九七上）

下石爲中濟然後可以立橋○通鑑晉康帝建元二年注「大河深廣，必下石爲中濟，兩岸繫巨絙以維船，然後可以立橋，如河陽橋、蒲津橋之中潬是也」（九七六上）

重騎○通鑑梁武帝大通二年注「重騎者，二人共騎也」（一五二下）

油壁車○加青油衣於車壁也　通鑑齊明帝建武元年注（一三九上）

函使○齊神武給鎮爲函使通鑑注曰凡以表啓函書函使者使
奉函詣京師也（梁武帝天監十八年（通鑑一四九 24））
以紙鳶飛○齊文宣使死囚以席爲翅自臺上飛下元黄頭乘紙[illegible]
鴟飛至紫陌
肩轝○平肩轝也人以肩舉之而行（通鑑晉懷帝永嘉之年注（通鑑八七 8））平肩輿使
人就摑肩之故日平肩（梁武帝天監元年注（通鑑一四五 23））襻輿者如輿摑挽襻人以
肩舉之（梁神帝大清元年注（通鑑一六〇 ））八摑輿蓋八人舉之即今之平肩輿
輿不惟不蓋篙子顯日輿車形如輜車下施八摑人舉之字林
日捎摑舁也（齊東昏侯永元二年注（通鑑一四三 26））蕭摩訶領吳明徹騎與帥步卒
乘馬轝倦行注轝者字書無此字唯類篇有之音羊茹切舁

車也。今言露馬鑾劍，當讀與輿字同。〔陳宣帝太建十年注（頁[illegible]）〕

輦。步輦不駕馬，使人輓之。〔通鑑晉愍帝建興四年注（頁[illegible]）〕步輓車不用牛馬，

若羊等，令人步而輓之。載於禮志：步輓車，天子小駕亦為副乘。〔

晉安帝隆安五年注（頁[illegible]）〕

梁武帝大同五年……賀琛奏南北二郊及籍

田往還並宜御輦，不復乘輅。詔從之。祀宗廟仍乘玉輦。〔注〕駕馬

為輅，駕人為輦。〔頁[illegible]〕

牛車。廿二史考異（叢學備纂史部廿七頁）

通道

魏書太祖紀：天興元年，車駕自鄴還中山。……車駕將北還，發卒萬人治直道。自望都鐵關鑿恒嶺至代五百餘里。（仝 85）

又世祖紀：太延二年八月。……詔廣平公張黎發定州七郡一萬二千人通莎泉道。[illegible]（四上 85）

又高宗紀：和平二年三月。是月，發并肆州五千人治河西獵道。（五 85）

又高祖紀：太和六年七月。發州郡五萬人治靈丘道。（七上 85）

又南北紀：巡，有司奏請治道。帝曰：粗修橋梁，通輿馬便止，不須去草。剗令平也。（七下 116）

又世宗紀：正始四年九月甲子。開斜谷舊道。（八 65）

魏書世宗紀永平二年八月……辛亥。詔曰。江海方同。車書宜一。
諸州軌轍。南北不等。今可申敕四方。使遠近無二。（八上）
魏書于栗磾傳……與寧朔將軍公孫蘭領步騎二萬。潛自大
原。從韓信故道。開井陘路。襲慕容寶於中山。既而車駕後至。見
道路修理。大悅。即賜其名馬。（四二上）

魏書徒何慕容廆傳……儁聞石氏亂。乃繕甲嚴兵。將為進趣之計。鑿
山除道。入自盧龍。克薊城而都之。（九五上）
又私署涼州牧張寔傳……庶人不得畜牧[illegible]。乘車馬。百姓
並禁。（九九二下）
又西域傳嚈噠國……其國無車。有輿。多駝馬。（一〇二八下）

魏書天象志和平……二年。三月。……是月。帝率五千餘道河西獵遂。四年八月。帝校獵於河西。（[illegible]三三上）

魏書崔光傳光弟敬友。……精心佛道。……自景明已降。頻歲不登。飢寒請丐者。皆取足焉。又置逆旅於肅然山南大路之北。設食以供行者。（[illegible]七上）

魏書甄琛傳琛長子侃。性險薄。多與盜劫交通。隨琛在京。以酒色夜宿洛水亭舍。毆擊主人。為司州所劾。繫在州獄。琛大以慙恨。廣平王懷為牧。與琛先不協。欲具奏彈擢。琛託左右以聞。世宗遣白衣吳仲安勑懷寬放。懷固執治之。久乃特旨出之。侃自以愧慙。卒於家。（[illegible]八四下）

漢書高祖紀，大赦。七年三月。[illegible]以[illegible]二部民[illegible]部[illegible]衛

橋路以食。又隨更傳。禁往來者。見上83

又魏文帝紀，黃初元年，詔有司不得復[illegible][illegible][illegible]細作人侵[illegible]禁

鄴國林道。（甲一[illegible]）

漢書[illegible]之年，為[illegible]帝[illegible]，[illegible]武衛將軍衛的子，列[illegible]子為其子與[illegible]

子[illegible]至高祖之時，太后列兄之卿，於皇位當。太后曰：李京

師單[illegible][illegible]既[illegible]之人。出[illegible]過合。如[illegible]徑通所。[illegible]付白。不

[illegible]資。若往[illegible]也。[illegible][illegible][illegible]辦。鄉[illegible]可[illegible]所宜。[illegible]說

[illegible]大夫以上。人各將二吏。別[illegible]徑通。而[illegible]都[illegible][illegible]。[illegible]三百。

徑[illegible]說。有[illegible]也。高祖[illegible]之。[illegible]說。（[illegible]）

魏書世祖紀：太延二年冬十有一月，己酉，行幸棝陽，驅野馬於雲中，置野馬苑。（同上四上）

又世宗紀：正始四年十有一月，丁未，詔禁河南畜牧馬。（卷八）延昌元年六月，戊寅，通河南牧馬之禁。（卷八）

又宇文福傳：太和十七年，車駕南討，假冠軍將軍、後軍將軍。時仍遷洛，敕福檢行牧馬之所。福規石濟以西，河內以東，拒黃河南北千里為牧地。事尋施行，今之馬場是也。及從代移雜畜於牧所，福善於將養，並無損耗，高祖嘉之。（同四四上）

又尒朱榮傳：父新興，太和中，繼為酋長，家世豪擅，財貨豐贍。曾行馬群，見一白蛇，頭有兩角，遊於馬前。新興異之，謂曰：爾若有神，今獲畜牧蕃息。自是之後。日覺滋盛。牛羊駝馬。色別為群。谷量而已。朝廷每有征討。輒獻私馬。兼備資糧。助裨軍用。高祖嘉之。除右將軍光祿大夫。及遷洛後。特聽冬朝京師。夏歸部落。每入朝。諸王公朝貴競以珍玩遺之。新興亦報以名馬。轉散騎常侍平北將軍。秀容第一領民酋長。新興每春秋二時。恒與妻子閱畜牧於川澤。射獵自娛。（四〇上）

魏書序紀。桓帝。帝英傑魁岸。馬不能勝。常乘安車。駕大牛。牛角容一石。（〇3下）

又孝靜紀。禪位于宣帝。趙德。以故犢車一乘。候於東上閤。（十二）

（8上）

魏書古弼傳：車駕畋於山北。大獲麋鹿數千頭。詔尚書發車牛五百乘以運之。世祖尋謂從者曰。筆公必不與我。汝輩不如馬運之。遂還。行百餘里而弼表至。曰。今秋穀懸黃。麻菽布野。豬鹿竊食。鳥雁侵費。風波所耗。朝夕參倍。乞賜矜緩。使得收載。世祖謂左右曰。筆公果如朕所卜。可謂社稷之臣。（廿八上）

又呂洛拔傳：高宗末。……劉彧徐州刺史薛安都開誠請援。詔遣尉元率眾救之。洛拔隨之入彭城。彧將陳永和。遣將王茂之領兵五千。向武原據其運車。元遣洛拔帥騎詣武原擊之。……虜獲運車二百餘乘。牛二百五十頭。……（卅下）

又趙琰傳：嘗賣携之同恒乘一牸牛徵索禮物而已。（五二下）

魏书李彪传：高祖自悬瓠北幸，彪拜迎于鄴南。……高祖纳宋弁言，将复擢用。会留台表言，彪与御史贾尚往穷庶人恂事，理有诬抑，奏请收彪。……自言事枉，高祖明彪无此，遣左右■慰勉之，听以牛车散载，■送至洛阳。会赦得免。（六二　6下）

又杨椿传：宗贾无马，多乘小犊车。时论许其清白。（五七　8下）

又孙绍传：先是高宗以乳母常氏有保护功，既即位，尊为保太后，除尊为皇太后。……五年，诏以太后母宋氏为辽西王太妃。……初英兄（太后）喜宋不拘检，酒醉王睹大辱宋苗至，执食于和龙，无车牛。宋后不进。睹负宋祥发。……（八三上　3下）

又卫操传：飛崇大兴五年，月黑左角，他将屋，案彦白，占为角将元。時太祖既定姚平於柴壁。以業言之徵，蓋帝討察黃東西反。牛多大疫，輿駕所乘巨犗數百頭，亦同日斃於路側，自餘首尾相繼。是歲天下之牛死者十七八，麋鹿亦多死。見一上

魏書恩倖傳趙脩：脩之葬父也……石獸石柱皆發民車牛，傳致本縣，財用之費，悉自公家。時世宗 見三上

又閹官傳趙黑：大和六年秋，薨於官。定州刺史趙黑……車牛二十乘特擢至郡。見の三上

又獨孤后勒傳：虎勒河西の州，其西師之備。並親秦雍西討之資。……彤夫十七萬人，皆水所沒……課黃牧士，五人車一乘，牛二頭……

遣司農中郎將曾率二道の千，於東平

閼山。造儀車千乘。轅長三丈。高一丈八尺。置高一丈七尺。於虎

車四十乘。立行樓二層於其上。……又替民牛二萬餘頭。配輞

游校官。（宋五行）

魏書僭晉司馬叡傳：奚着白袷單衣。步下西堂。登犢車。（宋九六）

又索虜桓玄傳：又頻造大輦。使容三十人坐。以二百人舁之。（宋九）

（江下）

又禮志：大樓輦。……駕牛一十。考證南監本作駕牛十二。觀下文小樓輦駕牛十二。則知此大樓輦

駕牛一十之西訛為。小樓輦。……駕牛十二。天子大駕大庶々々郊廟亦

乘之。……馬輦。……左右騑駕。天子籍田小祀時則乘之。臥輦。

……駕六馬。游觀輦。駕馬十五匹。皆白馬朱髦尾。天子法駕行

幸巡狩小祀時則乘之。……其駕。天子三駕所乘。或為副乘猶

漆畫馬車。……耕耕駕駟。……步挽。太子小駕超遷所乘亦為

副乘。金根車……太皇太后、皇太后、皇后助蠶郊廟籍田先蠶

則乘之。長公主大貴人公主封君祀賞賜乘但有騑而已。大

祖初置太子置子皆安車乘之……置子孫則用之。皆駕駟。文

首報車……駕一馬為副乘為安車……駕三馬轓車。太子同

信車。太子同……駕二馬副車亦皆之子車……駕一馬副車

亦皆之……見八之四83至93頁。奉以上為太祖所制車輦。

孫奉常太武。多適宜年之高祖太廟中。孫儀要令奉輦遊車

榇一道古戎馬。

金根車為鸞輅之遺 見魏書禮志（禮之四）

禮樂會之文（同上）

魏書食貨志 太和十一年。大旱。京都民飢。加以牛疫。公私闕乏。時

有以馬驢及橐駝供駕輓耕載（同上）

又世祖紀神䴥三年三月。帝聞劉義隆將寇邊。乃詔冀定相三州

造船三千艘。簡幽州以南戍兵集於河上以備之（同上）

太平真君十一年十有二月。丁卯。車駕至淮。詔刈雈葦。作筏數萬

而濟（同上）

魏書高道悅傳 車駕將水路幸鄴。高祖……道悅表諫曰。……又欲

御泛龍舟。經由石濟。其沿河挽道。久以荒蕪。舟檝之人。素不便

習。若羽葉梓臼流。深有之危。古今共慨。若羽換窮取道。授衣之月。鮮卑形出陵。迅乘祀人。若子之新。（宋六二9下）

魏書神元平文諸帝子孫傳：高涼王孤。平文四子。孤孫度。子乙斤。子平。子萇。世宗時。爲北中郎將。帶河內太守。萇以河橋船絙路狹。不便行旅。又秋水汎漲。年常破壞。乃爲船路。遂廣募空車從京出者。率令輸石一雙。累以爲岸。橋闊。來往便利。近橋諸郡。無復勞擾。公私賴之。（十四7下）

又于栗磾傳：太宗南幸盟津。謂栗磾曰。河可橋乎。栗磾曰。杜預造橋。遺事可想。乃編次大船。構橋於冶坂。六軍既濟。太宗深歎美之。（卅一1下）

魏書崔亮傳：「雍州刺史城北渭水淺不通船，行人艱阻，亮謂寮佐曰：『昔杜預乃造河梁，況此有異長河，且魏晉之日，亦自有橋，吾今決欲營之。』咸曰：『水淺，不可為浮橋；汎長無恒，又不可施柱。恐難成就。』亮曰：『昔秦居咸陽，橫橋渡渭，以像閣道，此即以柱為橋。今惟慮長柱不可得耳。』會天大雨，山水暴至，浮出長木數百根，藉此為用，橋遂成立。百姓利之，至今猶名崔公橋。」見六6上

又成淹傳：「高祖幸徐州，勑淹與閭龍駒等主舟楫，將[illegible]汎泗入河，溯流還洛。軍次碻磝，淹以黃河峻急，慮有傾危，乃上疏陳諫。高祖勑淹曰：『朕以恒代無運漕之路，故京邑民貧。今移都伊洛，欲

通運之方。而黃河急峻。人皆難涉。我因有此行。必須乘流。所以
開百姓之心……於時宮殿初構。經始務廣。兵民運材。日有
萬計。伊洛流澌。苦於厲涉。淹遂啟求敕都水造浮航。高祖賞納
之。意欲榮淹於眾。朝臣受錄。百官在位。乃賜帛百匹。知左右二
都水事。七九 五下
魏書刁雍傳。太延……五年……為薄骨律鎮將……七年。雍表
曰。奉詔。高平安定統萬及臣所守四鎮。出車五千乘。運屯穀五
十萬斛付沃野鎮。以供軍糧。臣鎮去沃野八百里。道多深沙。輕
車來往。猶以為難。設令載穀。不過二十石。每涉深沙。必致滯陷。
又穀在河西。轉至沃野。越度大河。計車五千乘。運十萬斛。百餘

日乃得一返。大廢生民耕墾之業。車牛艱阻。難可全至。一歲不過二運。五十萬斛。乃經三年。……今求於牽屯山河水之次。造船二百艘。二船為一舫。一船勝穀二千斛。一舫十人。計須千人。臣鎮內之兵。率皆習水。一運二十萬斛。方舟順流。五日而至。自沃野牽上。十日還到。合六十日得一返。從三月至九月三返。運送六十萬斛。計用人功。輕於車運十倍有餘。不費牛力。又不廢田。詔曰。……非但一運。自可永以為式。今別下統萬鎮出兵以供運穀。卿鎮可出百兵為船工。豈可專廢千人。雖遣船匠……

（卅八）　參看食貨志薛欽等議（附後）

魏書李訢傳……■為太倉尚書。攝南部事。用范檦陳端等計。令千百之役。戶別財器。謂貪輸之。所在擾攘。停延歲月。百姓饑饉以貧餒。或求直節。於是遠近。大爲困弊。道路羣議曰。當聚斂之臣。未若盜臣。（同六九上）

魏書李沖傳。高祖自鄴還京。汎舟洪池。乃從容謂沖曰。朕欲從此通渠於洛。南伐之日。何容不從此入洛。從洛入河。從河入汴。從汴入清。以至於淮。下船而戰。猶出戶而鬭。此乃軍國之大計。今溝渠若須二萬人以下。六十日有成功。宜以漸修之。沖對曰。若爾。便是士無遠涉之勞。戰有兼人之力。（同三九上）

北齊書神武帝紀。孝昌元年。柔玄鎮人杜洛周反於上谷。神武乃與同志從之。醜其行事。私與尉景段榮蔡儁圖之。不果而逃。爲為騎所追。文襄及魏永熙后皆幼。后於牛上抱負之。文襄屢落牛。神武彎弓將射之以決去。后呼榮求救。賴榮遽下取之以免。遂奔葛榮。（一 1下）

又神武紀。從山東自晉陽出滏口。路逢尒朱榮妻北鄉長公主自洛陽來。馬三百匹。盡奪易之。（一 3上）

又尒朱兆、天光、度律、仲遠會鄴。時馬不滿二千。步兵不滿三萬。衆寡不敵。乃於韓陵為圓陣。連牛驢以塞歸道。於是將士皆有死志。（一 4上）

北齊書文宣紀。時乘馲駝牛驢。不施鞍勒。盛暑炎赫。隆冬酷寒。或日中暴身。去衣馳騁。從者不堪。帝居之自若。（四 10下）

北齊書幼主紀……為胡昭儀起大慈寺。未成。改為穆皇后大寶林寺。窮極工巧。運石塡泉。勞費億計。人牛死者不可勝紀。(八張)

又武成十二王傳。琅邪王儼。領御史中丞。……魏氏舊制。中丞出。清道。與皇太子分路而行。王公皆遙住車。去牛頓軛於地。以待中丞過。其或遲違。則赤棒棒之。自都鄴後。此儀寖絕。武成欲雄寵儼。乃使一依舊制。(十二張)

又平秦王歸彥傳。補武衛……拜……冀州刺史。……至州。不自安。謀逆。……歸彥舊[illegible]置私[illegible]。[illegible]遍。報之。便嬰城拒守。(十四張)

北齊書段榮傳。榮第二子孝言。……時苑內須果木。科民間及僧

李備輦。意於向其私宅種植。又廄內及園中種石。蒼車牛從漳

河運載，復令車迴取。（甲十六49下）

北齊書斛律光傳：帝賜提婆　晉陽之田。光言於朝曰：此田神武

帝以來常種禾飼馬數千匹。以擬寇難。今賜提婆，無乃虧損軍務

也。（甲七32）

又慕容儼傳：天統……四年。十月……詔……賜馬一匹。（甲廿8上）

又高乾傳：……命其北入海。謂高遠曰：趙監軍執白鶴百餘騎還冀州。

託言晉徵民馬，別待乾兄弟送馬因收之。（甲廿一1下）

又魏子建傳：子建……二年。除……平陽太守。……晉州刺史

山舊饒千里種也。山路高峻。每方留柱來士馬勞苦。子建獻高

祖請於舊徑東谷。别開一路。高祖從之。仍令子纘領隊伍二萬夫修治。旬日而就。高祖親總六軍。路經於此。嘉其省便。賜穀二百斛。(卌七下)

北齊書杜弼傳。會梁遣貞陽侯蕭明等入寇彭城。大都督高岳行臺慕容紹宗等率諸軍討之。詔弼為軍司。攝臺左右。臨發。世宗賜胡馬一匹。語弼曰。此廄中第二馬。孤恒自乘騎。今方遠别。聊以為贈。(卅四下)

又祖珽傳。珽性不羈放縱。所乘老馬。常稱騮駒。……裴讓之與珽早狎。於衆中嘲珽曰。卿那得如此詭異。老馬十歲。猶號騮駒。一妻耳順。尚稱娘子。于時喧然傳之。(卌九上)

北齊書白建傳：河清三年，突厥入境，代忻二牧，悉是細馬，合數萬
匹，在五臺山北柏谷中避賊。賊退，敕建就彼檢校，續使人詣
建間領馬，送定州付民養飼。建以馬久不得食，瘦弱，遠送（之）
恐（致）死損，遂（之）違敕，以便宜從事，隨近散付軍人，啟知，敕許焉。
戎事無損，建有力焉。（四十 3下）
又陽斐傳：石濟河溢，橋壞，斐修治之。又移津於白馬，中河起石，潬
西岸造關城，累年乃就。（四二 1上）
又盧潛傳……又敕送突厥馬數千匹於揚州
管內，令土豪貴買之，錢直始入，便出敕括江淮間馬。時後主（四二）
22上

北齊書儒林傳權會：本貧生。無僕隸。初任助教之日。恒乘驢上下。（四四〇七）

道

吐谷渾河橋

水經河水注 二之二

乞伏氏河橋

又見

交通

造橋鐵鐓 秦造渭橋董卓毁

魏武脩之

水經渭水注 卷十九 頁九十

交通

◉人車與肩輿

老圃

人車與肩輿不宜有而有者也歐美無有也俗呼人車曰東洋車問之日人亦創自近世其實即中國古製日人改造之耳帝王世紀言夏桀始以人駕車後漢書井丹過信陽侯陰就就起左右進輦丹笑曰吾聞桀駕人車豈此邪坐中皆失色就不得已而令去輦觀此則古人亦知人車不合於人道人車始於暴君蓋不祥之物也輦字从扶車扶从二夫即古伴字故司馬法謂夏后氏二十人而輦殷十八人而輦周十五人而輦此皆輦物故用人多蓋始於輦物而繼乃輦人以人輦物出於自然以人輦人出於力迫蓋非夏桀之强暴不足以行之矣六典註謂人牽爲輦秦始皇去輪而輿之似改輦爲轎出爲始皇但轎亦甚古不始於秦大禹山行即橋本登山所用書所謂輿轎而隃嶺是也公羊傳筍將而來亦□晉時王獻之乘肩輿陶淵明乘籃輿要皆以人擱人亦不合於人道南史有八擱輿則以八人矣金史殿下設腰輿一舁士一十六人則以十六人擱一人矣此輿與櫬何異要之以人駕車始於夏桀去輪而輿出於始皇犕牛乘馬爲正道視人如牛馬爲虐政行之既久反以騾革爲不便論進化之序則最初用人其後專用畜類其後用科學人車與肩輿要爲太古之風不容諱也

東肩輿[illegible]轎[illegible]晉書王羲之傳子敬乘平肩輿入顧氏園[illegible]蕭[illegible]傳在益州乘平肩輿也[illegible]唐書崔[illegible]南傳被病詔肩輿至中書宋史輿服志神宗優待宗室老病者[illegible]肩輿出入